ぐるり富士山トレイルコースガイド

GURURI FUJISAN TRAIL COURSE GUIDE

富士山は言わずと知れた日本一高い山だ。
秀麗にして孤高。不二の山である。

富士山ほど詩歌や絵画になった山を知らない。
日本人にとって富士山は特別な存在。
心の山なのだ。

富士山はあえぎながら登ってもいい。
遠くから眺めてもいい。
この山との出会いは、いろいろあっていい。

このロングトレイルは富士山の裾野を
ぐるっと巡る１５０㎞の歩き旅だ。
富士山と裾野の暮らしをたどる道である。
歴史をたどる道でもある。

歩くことで見えること、出会えること、
感じることがある。

五感を解き放って歩くことで
知らない富士山に出会えるかもしれない。

さあ、靴紐を締めて出発しよう。

初心者でも歩きやすいルートで

世界文化遺産・構成資産などをめぐりながら

富士山をぐる～り一周！

トレイルは、登山道や自然歩道、街道などを歩く人気のアクティビティーとして、国内でも広がりを見せています。登山は山頂への到達を主な目的として垂直方向への移動を中心に行うのに対して、トレイルは水平方向への移動に重点を置く、〝連続する旅〟が醍醐味だといえます。

自然を満喫しながら歩くのは言うまでもなく、名所や温泉に立ち寄ったり、地元の人とふれ合い、ご当地グルメを味わったり、楽しみ方も人それぞれ。老若男女誰もが気軽に始められるものです。

世界文化遺産に登録された富士山は、中近世以前から信仰の山として崇められていました。火口周辺で行う「お鉢巡り」や、周囲約20㎞の5～6合目を1周する「お中道巡り」は、富士山を信仰の対象にしていた「富士講」行者にとって欠かすことのできない〝トレイル〟だったのです。

GURURI FUJISAN TRAIL

「ぐるり富士山トレイル」を楽しもう

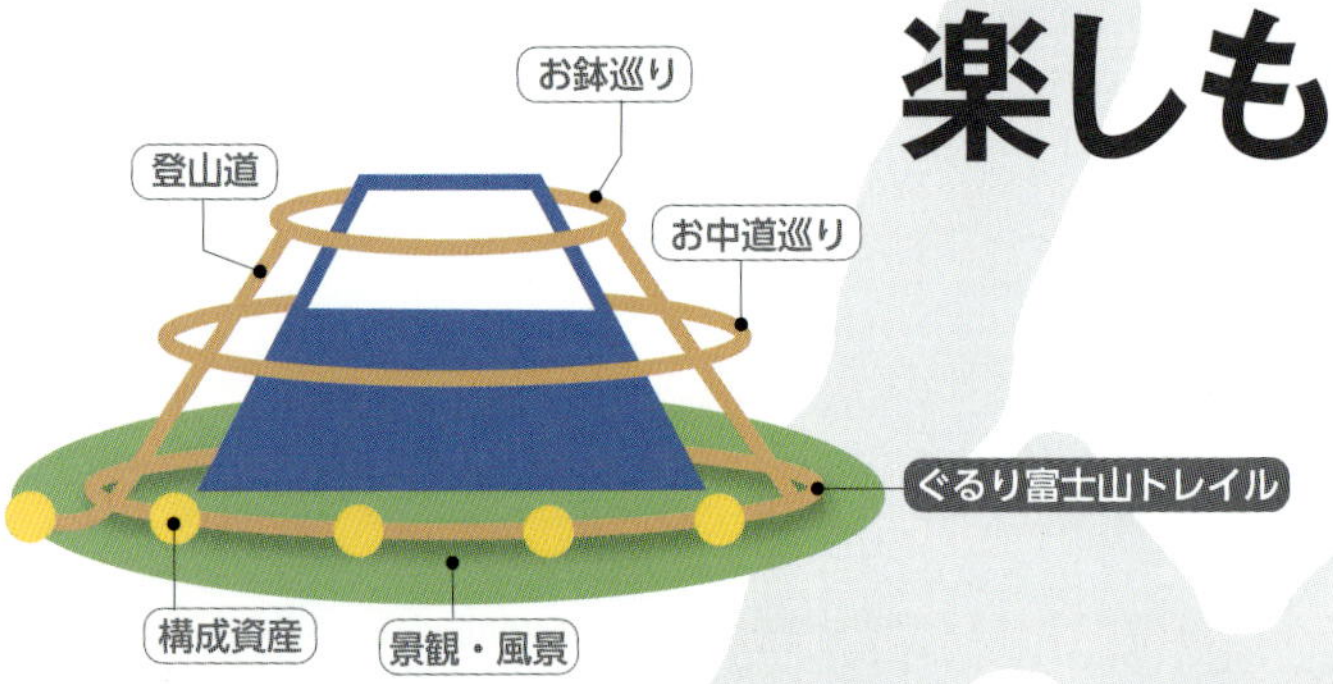

登るだけが富士にあらず。歩くからこそ見えてくる魅力を体感しよう

「一度は富士山に登りたい」と思う人も多いでしょう。しかし、富士山の魅力は山登りだけにとどまりません。山麓をはじめ近辺には、湖や樹海、古社・古刹など、大自然や歴史、ロマンを感じさせるスポットが数多くあります。

静岡県と山梨県は世界遺産・富士山をめぐる「ぐるり富士山トレイル」を選定しました。これは富士山の景観とそれをめぐる風景を守り・創り・伝える活動を通して、住む人と訪ねる人が共に誇りを持ち、美しく魅力的な富士山麓をつくる「ぐるり・富士山風景街道」事業の一環です。選定した富士山トレイルのコースは、メインコース11本、サブコース18本。世界遺産の構成資産に認定された史跡や湖、胎内樹型などを繋いでいます。

本書では、これらをベースに、特におすすめのコースやスポットを紹介しています。メインコースは、構成資産をふんだんに入れながら、1日の歩行距離を約15～20㎞として区間を設定し、標準11日間で富士山1周を踏破できるルートです。一方、サブコースは両県が選定した中から10コースを厳選。メインコースに接続し、数時間～半日ほどで1コースが堪能できる内容です。

四季や時間帯によって多彩な表情を見せる富士山。ダイナミックな霊峰を間近に感じながら、トレイルを楽しんでみませんか。

GURURI FUJISAN TRAIL

「ぐるり富士山トレイル」俯瞰図

赤色の部分が静岡県側メインコース、青色の部分が山梨県側メインコースで、両方合わせて全長約150㎞。赤い文字は、構成資産を表しています。

「ぐるり富士山トレイル」の楽しみ方　制定：静岡県　山梨県

●あいさつをしましょう。トレイルコースを笑顔で楽しみましょう。

●日々、天候や交通量等により、コースの状況は変わります。危険を感じた場合などはトレッキングを中止するなど自己判断、自己責任で行動しましょう。

●事前に、コースおよび持ち物を充分検討し、余裕ある計画を組みたてましょう。

●届け出が必要な登山コースを歩く場合は、登山届を警察署や登山ポストに提出しましょう。

●適宜、地図を参考にして、現在地を確認しながら歩きましょう。

●交通ルールを守りましょう。

●地域の方々の生活の場や、構成資産の敷地内を通行します。地域のルールを守り、地域の方々への思いやりを持ちながら楽しみましょう。

●牧草地や農地は地域の営みの場です。茶園、牧場地やススキ野の草原などには、無断で入らないようにしましょう。

●花木や農作物などを採らないようにしましょう。

●ゴミは必ず持ち帰りましょう。

●山間部ではヘビやハチなどに注意するほか、クマ除け鈴も携帯しましょう。

ぐるり富士山トレイル コースガイド
GURURI FUJISAN TRAIL COURSE GUIDE

CONTENTS

「ぐるり富士山トレイル」を楽しもう……6
本書の使い方……10

ぐるり富士山トレイル メインコース

#01 富士山本宮浅間大社 ↓ 白糸の滝〈静岡県〉……12
#02 白糸の滝 ↓ 猪之頭公園〈静岡県〉……18
#03 猪之頭公園 ↓ 割石峠〈静岡県〉……26
#04 割石峠 ↓ 富岳風穴〈山梨県〉……30
#05 富岳風穴 ↓ 河口湖大池公園〈山梨県〉……36
#06 河口湖大池公園 ↓ 山中湖花の都公園〈山梨県〉……42
#07 山中湖花の都公園 ↓ 富士浅間神社〈山梨県・静岡県〉……48
#08 富士浅間神社 ↓ 富士山樹空の森〈静岡県〉……58
#09 富士山樹空の森 ↓ 十里木パーキングエリア〈静岡県〉……62
#10 十里木パーキングエリア ↓ 村山浅間神社〈静岡県〉……68
#11 村山浅間神社 ↓ 富士山本宮浅間大社〈静岡県〉……72

ぐるり富士山トレイル
サブコース

#12 長者ヶ岳登山コース〈静岡県〉……80

#13 毛無山登山コース〈静岡県〉……84

#14 三国山登山コース〈静岡県〉……88

#15 越前岳登山コース〈静岡県〉……92

#16 精進湖と雄大な自然探索コース〈山梨県〉……96

#17 西湖と野鳥と樹海探検コース〈山梨県〉……100

#18 河口湖と歴史散策コース〈山梨県〉……104

#19 富士登山道と胎内樹型を巡るコース〈山梨県〉……108

#20 富士山信仰と歴史・文化に触れるコース〈山梨県〉……112

#21 山中湖をぐるり一周コース〈山梨県〉……116

江戸時代、関東一円にブームを巻き起こした富士講とは?……24

歩きながら楽しむ富士の自然美❶ 富士の雪形……54

歩きながら楽しむ富士の自然美❷ 富士山と雲……76

トレイル帰りの立ち寄り湯……120

静岡・山梨　主要機関連絡先……123

GURURI FUJISAN TRAIL

本書の使い方

本書は、世界文化遺産・富士山の山麓にある構成資産をめぐりながら歩いて一周する「ぐるり富士山トレイル」のコースを紹介しています。下記を参考に、頂上をめざす富士登山とはひと味違う、山麓ならではの風景・歴史・文化に触れられる「歩き旅」をお楽しみください。

❶コースの概要

各コースのエリア（市町村名）、歩行時間、歩行距離、標高差を表示しています。

❷通過地点

スタートからゴールまでの主要な通過ポイントと各ポイント間のおおよその歩行時間を記載（休憩や施設見学などを含まない参考タイム）。

❸寄り道SPOT

各コース周辺の寄り道処。営業時間や定休は掲載店や施設の都合で変更の場合あり（事前に要確認）。

❹ACCESS&DATA

交通アクセス、周辺にある温泉施設情報、地元の観光協会を記載。アクセスはスタート&ゴール地点への公共交通手段を掲載（交通事情等で変更の場合あり（事前に要確認）。

❺地図

地図の作成にあたっては、国土地理院長の承認を得て、同院発行の基盤地図情報を使用しました。（承認番号　平27情使、　第131号）。この地図を複製又は使用する場合には、国土地理院の長の承認を得なければなりません。

❻ぐるり富士山まめ知識

各コースで紹介する構成資産や観光スポットに関する豆知識・コラムを掲載しています。

❼コースアドバイス

そのコースを歩く時のワンポイントアドバイス。

❽花・樹木

コース途中に見られる四季の花や樹木の情報。

記事について

●2014年夏から2015年春にかけて各コースを実際に歩行した実データに基づき編集しました。道路状況、地図上に記載した施設名や場所は変更になる場合があります。

●地図は山梨県・静岡県が富士山世界文化遺産登録に合わせ、関係市町等の関係機関と連携して選定した推薦ルートを基に作成しています。細部に関しては縮尺や紙面の都合上、省略している箇所があります。

安全にトレイルを楽しむために

天候や体調の急変に備え、危険を感じた場合は歩行を中止するなど各自の判断で安全性を確保してください。歩きやすい靴（ルートによってはトレッキングシューズ）、雨具や水筒、防寒具、詳細地図を携帯、余裕のある計画を立ててください。静岡県サブコースなど登山ルートは登山の知識や専用靴が必要です。また登山届を警察署や所属クラブなどに提出しましょう。

【凡例】

- 道の駅
- トイレ
- P 駐車場
- 展望地・ビューポイント
- インフォメーション
- 飲食店
- 売店
- C コンビニエンスストア
- 文 学校
- 宿 宿泊施設
- 温泉・入浴施設
- バス停
- 神社
- 卍 寺院
- 郵便局
- 警察署・交番
- キャンプ場
- ゴルフ場
- 注意ポイント
- 有料道路
- 国道
- その他の道路
- JR
- 私鉄
- 上井出 交差点名
- 紹介コース（○は主要チェックポイント）
- 他の頁で紹介するコース

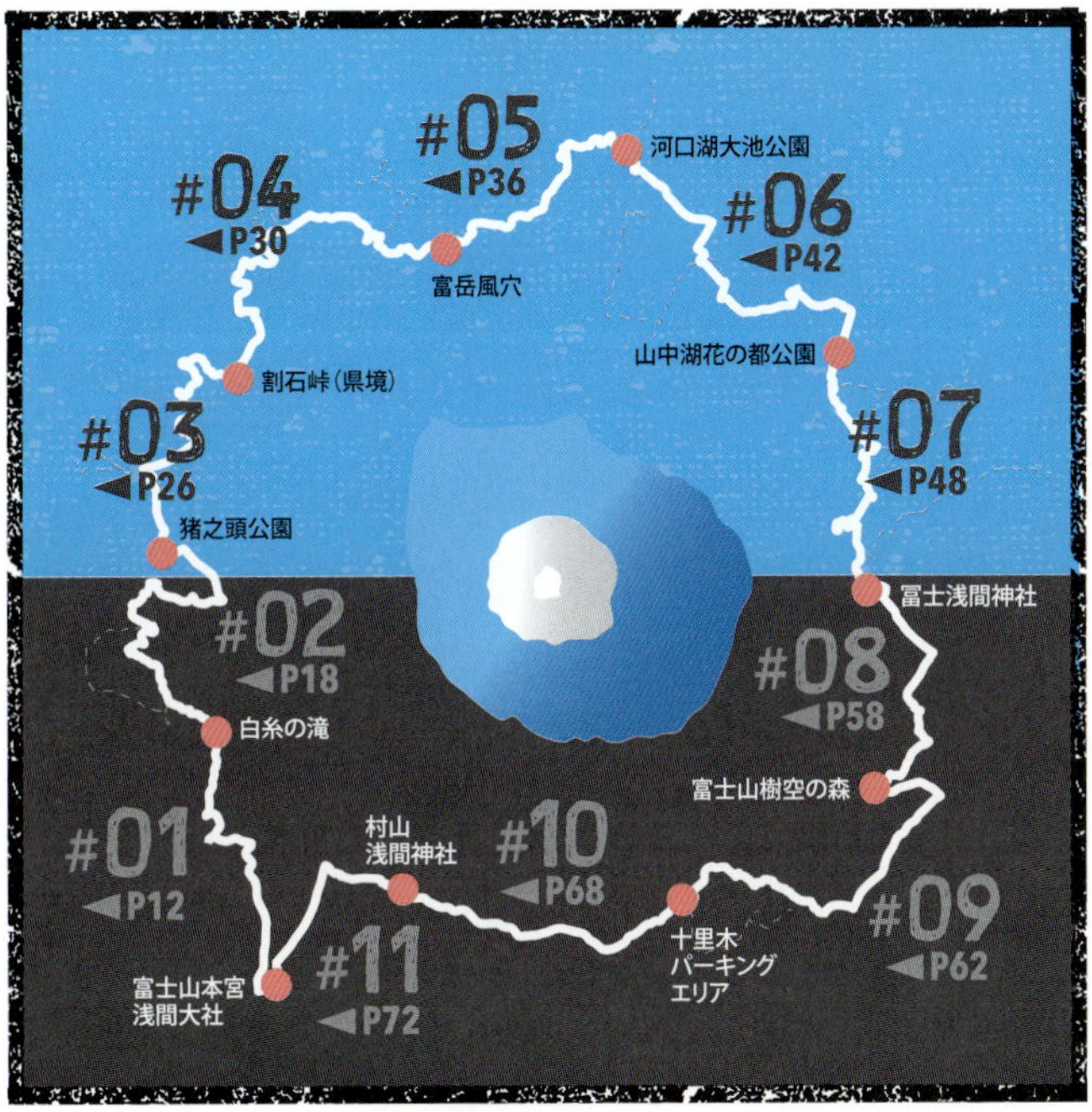

富士山をぐるりと回る全長約150㎞を1コース15㎞前後ずつに分けた11コース。登頂では味わえない山麓の美しい自然や風景、歴史・文化、地元の人々との交流を楽しみながら構成資産をめぐります。

メインコース

#01 → #11

GURURI FUJISAN TRAIL

GURURI FUJISAN TRAIL #01 富士宮市

歩行時間	4時間30分
歩行距離	13.8km
標高差	最高地点：490m 最低地点：130m

富士山本宮浅間大社 ← 白糸の滝

まずは見所多い総本宮を参拝。神秘あふれる名瀑まで

取材・文／高橋秀樹

富士山本宮浅間大社 1 構成資産

❶富士山本宮浅間大社
← 80分
❷富士講の碑
← 90分
❸大石寺
← 30分
❹千居遺跡
← 30分
❺狩宿の下馬桜
← 40分
❻白糸の滝

地元では「おせんげんさん」と呼び親しまれている富士山本宮浅間大社は、全国に1300社ほどある浅間神社の総本社だ。富士山をご神体（浅間大神）としており、主祭神は日本神話に登場する女神コノハナノサクヤビメノミコト（木花之佐久夜毘売命）。天照大神の孫のニニギノミコトと結婚して身

▶湧玉池の脇には湧水の水場があり、水は雑味がなくおいしい　▲水のおいしい土地柄だけに良い酒蔵もある　▼湧玉池を源流とする神田川は潤井川に注ぐ短い河川だがニジマスの泳ぐ川

2 富士講の碑

▲本殿脇の湧玉池に湧き出すのは富士山の伏流水。山宮浅間神社から遷移されたのも火伏の水があったからとも言い伝えられる

❶富士山本宮浅間大社の鳥居から富士山を望む。そもそも浅間神社の御神体は秀麗かつ荒ぶる富士山そのものである

❷県道414号沿いの外神付近にある富士講の石碑。山梨側ではよく見かけるが静岡側では珍しいという

ごもるが、不貞を疑われ、潔白の証として産屋に火を放って3人の子どもを産んだという猛女で、火除け、安産などの守護神とされる。ちなみに浅間は、もともと「あさま」で、長野県の浅《あさ》間山《まやま》、熊本県の阿蘇《あそ》と同じように火山を意味する古語だという説がある。

「富士本宮浅間社記」によると、現在の社殿は、大同元（806）年。第51代平城天皇の命を受けた平安時代の武官である坂上田村麻呂によって社殿が造営された。源頼朝、北条義時、武田信玄・勝頼、徳川家康などの歴代武将にも厚遇された。

富士山本宮浅間大社の境内は、春ともなると〝ご神木〟であるシダレザクラをはじめとして参道の桜並木が美しい。神社の背後にはうっそうとした鎮守の森があり、境内の湧玉池から湧き出す水は、富士山の地下で磨かれた澄明な水だ。この水の豊かな地に、火除けの神様を祀ったのも納得できる。湧玉池は、富士山に登拝する人たちの禊《みそぎ》場であり、その池を水源にする神田川は市民の憩いの場ともなっており、夏ともなると神田川で水遊びする子どもたちの姿があり微笑ましい。

「おせんげんさん」を後にして、県道414号をひたすら北上する。現在は西富士道路に、その座を譲っているが、かつては山梨方面に向かう幹線道路で、車の往来も多い。途中、宮原バス停近くに建つ富士講の碑を過ぎ、だらだらと上る県道を進むとやがて「本門寺入口交差点」だ。

交差点を左折して40分ほど進むと日蓮正宗の総本山である大石寺の巨大な山門に着く。

ここはサクラの名所でもあり、春には花見客も多い。大石寺を迂回する格好で東側の道を進むと、狩宿の下馬桜《げばざくら》へ向かう道への分岐があるが、少々、わかりにくい。近所の農家に道を尋ねて、舗装路の生活道路を進むと左手に縄文時代中期の竪穴式住居跡の千居《せんご》遺跡がある。フェンスがあって中には入れないが、道標にはなるだろう。

大石寺から、のどかな里山の風景の中を歩くことおよそ1時間で狩宿の下馬桜に着く。推定樹齢800年を超えるヤマザクラは、国の特別天然記念物にも指定されている。源頼朝が富士の巻狩りにやってきた際に、馬から降りたとされることから、「下馬桜」と呼ばれている。

狩宿の下馬桜から、40分ほど北上すると「曽我兄弟の仇討ち」(1193年)にまつわる史跡がある。源頼朝が富士山で盛大に巻狩りを行った際、頼朝の家来である工藤祐経《すけつね》を親の仇として曽我祐成《すけなり》・時致《ときむね》が討ったと

圧巻の日蓮正宗総本山・大石寺山門

千居遺跡 4

大石寺 3

❸ 日蓮正宗の代表的な寺院のひとつで日蓮上人の弟子の一人である日興上人が開創したとされる大石寺。巨大な山門と参道に建ち並ぶ宿坊は圧巻で、桜の名所でもある

❹ 大石寺から農道を進んだところにある縄文時代中期〜後期とされる千居遺跡。立ち入り禁止で中には入れない

寄り道SPOT

地元で知られる中華料理店

ホー珍ロー《ほーちんろー》

☎ 0544・58・0740
静岡県富士宮市北山5004-1
11:30〜14:00、17:00〜20:30 水曜定休

県道414号の本門寺入口交差点近くにある中華料理店。地元では有名な店で昼食時は混み合う。パイコー飯、パイコー麺が人気。日替わりランチセットも好評だ。

行列のできる農産物直売所

う宮〜な《うみゃ〜な》

☎ 0544・59・2022
静岡県富士宮市外神123
9:00〜17:30 火曜定休(祝日は営業)

JA富士宮が運営するファーマーズマーケット。地元産を中心とする新鮮な農産物が人気でレジに行列ができる。弁当やお好み焼きなどの惣菜や草だんごも手作り感たっぷりだ。

工藤祐経の墓

狩宿の下馬桜

5

6

構成資産

白糸の滝

おびん水

▲白糸の滝周辺には曾我兄弟の仇討ちに関する史跡が。写真は曾我兄弟に討ち取られた工藤祐経の墓と伝えられる。すぐ近くに曾我兄弟が潜んだ「隠れ岩」もある

5 狩宿の下馬桜。ヤマザクラの古木で開花期は例年4月中旬

6 優美な白糸の滝。すぐ近くにある「おびん水」は源頼朝が鬢のほつれを直したと伝えられ、富士講の聖地でもある

される場所だ。ここまで来れば、このコースの終点で構成資産のひとつである白糸の滝は近い。

　芝川から流れ落ちる水と、富士山の雪解け水が溶岩層から湧き出す水は、幅150m、高さ20mほど。崖から落下するさまは壮観であり優美だ。「白糸」の名は流れ落ちる水が絹糸を垂らしたように見えることからついた。その幾筋もの滝は、滝壺や岩場に叩きつけられ飛沫を上げ、日の光の具合によって虹がかかることが珍しくない。ここは、源頼朝が軍事訓練でもあった富士の巻狩りの際に立ち寄った場所で、『この上にいかなる姫やおはすらんおだまき流す白糸の滝』と歌を詠んでいる。また、富士講の開祖である長谷川角行《かくぎょう》が身を清めた滝ともいわれる。

　あまり観光客は来ることはないが、白糸の滝のすぐ側には、溶岩の窪地に湧水が湧き出す「おびん水」と呼ばれる池があり、いまでも富士講の重要な霊場として大事に守られている。

ACCESS & DATA

交通アクセス

●富士山本宮浅間大社
電車の場合／富士宮駅から徒歩10分
マイカーの場合／東名富士ICから20分

●白糸の滝
バスの場合／富士宮駅から富士急バスで30分(徒歩5分)
マイカーの場合／東名富士ICから30分、中央道河口湖ICから60分

湯どころ

●富嶽温泉 花の湯
静岡県富士宮市ひばりが丘805　☎0544-28-1126

●富士山 天母の湯
静岡県富士宮市山宮3670-1
☎0544-58-8851

問い合わせ

●富士宮市観光協会
☎0544-27-5240

#01 富士山本宮浅間大社 → 白糸の滝

狩宿の下馬桜／樹齢は800年以上と推定される国内最古級のヤマザクラ。例年開花時期に桜まつりが開かれる

大石寺脇の桜並木

アドバイス

大石寺から千居遺跡までの道筋が少し分かりにくいので注意。千居遺跡からは農道を北上し潤井川沿いを進むと狩宿の下馬桜に着く。そこから田んぼの中の農道を進み、西富士図書館を過ぎると白糸の滝は近い。

花・樹木

- 富士山本宮浅間大社／ソメイヨシノ3月下旬〜4月上旬
- 大石寺／ソメイヨシノ3月下旬〜4月上旬
- 狩宿の下馬桜／ヤマザクラ4月中旬〜下旬

富士山本宮浅間大社と霊峰・富士

ぐるり富士山まめ知識

広大な敷地は1万7千坪もあり、主祭神は木花之佐久夜毘売命＝コノハナノサクヤビメノミコト（別称：浅間大神＝アサマノオオカミ）。第7代孝霊天皇の御代に富士山大噴火が起こり、住民は土地を離れ、荒れ果てた状態が続いた。それを憂いた第11代垂仁天皇が山麓に浅間大神を祀り、山霊を鎮めたのが起源とされる（「富士本宮浅間社記」）。恐ろしい噴火をくり返す富士山を鎮める浅間大神への庶民の敬慕の念が、やがて富士登山という形に変化していった。社殿は徳川家康公が慶長9（1604）年に奉賽のために造営した。寛永期や安政の大地震で破損した部分もあるため、当時の建物で現存するのは本殿、幣殿、拝殿、楼門のみ。

木花之佐久夜毘売命は家庭円満・安産・子安・水徳の神とされ、火難消除・安産・航海・漁業・農業・機織等の守護神として崇められている。2013年の世界文化遺産認定後は全国有数のパワースポットとして以前にも増して注目を集めている。

境内にある湧玉池の横では霊峰富士の湧水をペットボトルで持ち帰ることが可能（賽銭も忘れないで）

旧街道の名残を感じさせる414号沿い。ゆるやかな登りがしばらく続く

GURURI FUJISAN TRAIL

#02 富士宮市

歩行時間	5時間30分
歩行距離	16.3km
標高差	最高地点:730m 最低地点:490m

白糸の滝←猪之頭公園

湧水が生む美しい名瀑から富士山信仰の聖地へ

取材・文 高橋秀樹

白糸の滝から田貫湖へと北上し、富士講の聖地・人穴富士講遺跡まで足を延ばすコース。ゴールの猪之頭公園までノンストップでも5時間半前後のロングコースだ。

ひとまず田貫湖を目指す。芝川の水を利用した小さな発電所の脇を歩いて、芝川を渡る。県道414号を横断する格好で農道を進んでいくと、東海自然歩道のバイパスルートにぶつかる。この道を北上するとやがて天子の森キャンプ場だ。

キャンプ場から続く舗装路を上っていくと田貫湖に着く。1周3・3kmの湖は、農業用水を確保するためにつくられた人造湖だが、今やキャンプ場、宿泊施設、自然体験施設などが集まるレジャー基地。休暇村富士の側の湖面に映る逆さ富士はなかなかの人気で、特に4月と8月の下旬頃は「ダイヤモンド富士」が見られるとあって、アマチュアカメラマンが押し寄せる。

休暇村富士の脇から湖の周回路を歩き、田貫湖北岸分岐を長者ヶ岳登山口方面に進む。登山口を横目に過ぎると間もなく標高700mほどのところに

1 白糸の滝

構成資産

- ❶白糸の滝 ← 95分
- ❷休暇村富士 ← 10分
- ❸田貫湖 ← 30分
- ❹小田貫湿原 ← 60分
- ❺猪之頭集落 ← 75分
- ❻人穴富士講遺跡 ← 60分
- ❼猪之頭公園

▶ 天子の森キャンプ場。脇には渓流があり、アマゴ釣りもできる

◀ 標高660mほどにある田貫湖。周回歩道が設けられており1時間20～30分ほどで回れる。レンタサイクルもある

❷ 休暇村富士の館内には休憩にちょうどいいレストランもあり、誰でも利用できる

休暇村富士 2

田貫湖 3

構成資産

富士講の開祖とされる長谷川角行が修行し入滅したと伝えられる人穴富士講遺跡には、富士講ゆかりの多くの石碑が残る

▼ 木々の緑が美しい田貫湖周回路。芝生のサイトが湖畔に広がる田貫湖キャンプ場は収容人数1000人以上

ある小田貫湿原だ。ここは富士山麓では数少ない湿原で、木道が整備されている。6～10月頃には折々の花が目を楽しませてくれ、小さな生き物たちで賑わう。田貫湖に比べたら静かで、穴場的スポットである。

　小田貫湿原を後にして北上すると小さな沢にぶつかる。時折通る車はじゃぶじゃぶと平気で通過する。歩行者用に飛び石も置いてあり、よほどの増水がない限り、渡るのに問題はない。沢を過ぎて、しばらく下り芝川水系のひとつ、五斗目木川を渡って上ると集落が現れる。猪之頭集落だ。ここからゴールである猪之頭公園はさほど遠くないが、いったん、猪之頭集落を離れ、人穴富士講遺跡へ向かう。

　猪之頭集落を南北に走る県道４１４号に出てしばらく南に進み、国道１３９号（富士宮道路）を目指して東に進む。朝霧フィールドドッグズガーデンの脇から国道１３９号線を渡り、さらに東へ。やがて県道75号にぶつかる。そこから北に歩くと古い石造りの鳥居が見えてくる。人穴富士講遺跡である。

　人穴は、富士山の噴火で流れ出した犬涼山溶岩流によって生まれた長さ約83ｍの溶岩洞窟だ。鎌倉時代の歴史書『吾妻鏡』によると建仁３（１２０３）年、鎌倉幕府２代

寄り道SPOT

宿泊なしでもランチが食べられる
「休暇村富士」内レストラン

☎ 0544・54・5200
静岡県富士宮市佐折634
11:30〜13:30（ランチタイム） 不定休

宿泊者向けの郷土色たっぷりのバイキング料理が評判のレストランだが、宿泊しなくてもランチが食べられる。メニューは日替わりパスタや生姜焼きセット（写真）、蕎麦など。

緑の中でお蕎麦ランチ!
蕎麦ご膳にいや

☎ 080・1617・1932（事前になるべく電話を）
静岡県富士宮市猪之頭字高船2446-5
11:00〜14:00（12〜2月は11:30〜13:30）
水・木曜休み

別荘地の木立に囲まれた隠れ家的な蕎麦処。粉や水にこだわり、蕎麦粉が9に対し、割粉１で打つ蕎麦が自慢。季節の野菜の天ぷらからご飯まで付いた「蕎麦ご膳」1700円は食べ応え十分。カウンターに座ると窓越しに緑が眺められ、気持ちがいい。

4 小田貫湿原

❹ 小田貫湿原の湿性植物や生き物。富士宮市によると植物は60種以上、トンボは30種近く確認されている

将軍源頼家が富士の巻狩りの際に、家来の仁田忠常に命じて人穴を探検させた。忠常一行は、そこで神秘体験をしたという。そうした話は室町時代には『富士人穴草子』という怪奇譚にもなっている。

この地は、富士山信仰富士講の開祖・長谷川角行《かくぎょう》（1541〜1646年）が修行し入滅した地だと伝わる。室町時代の永禄元（1558）年に、この人穴にたどり着いた角行は、数々の難行苦行の末に悟りを開き、やがて庶民の信仰を集めるようになった。やがて江戸中期に村上光清《むらかみこうせい》や食《じき》行身禄《ぎょうみろく》などの後継者によって

5
猪之頭集落

❺かつて井の頭と記したことからも分かるように、湧水に恵まれワサビも栽培される猪之頭集落

❻人穴富士講遺跡。長谷川角行ゆかりの人穴洞窟は現在は入洞禁止だが、将来的には整備し入洞できるようにする計画がある

❼猪之頭公園。園内には富士山の湧水を利用した昭和8年開設の富士養鱒場がある

6
構成資産
人穴富士講遺跡

Goal

7
猪之頭公園

富士講が盛んになると、角行の修行の地、入滅の地は富士講の聖地になった。

富士講の道者（信者）で賑わった富士吉田と人穴を結ぶ郡内道も整備され、富士登拝をすませた道者は人穴に参詣や修行にやってきた。現在、人穴洞窟は一般の立ち入りは禁止されているが、富士講中によって建立された２００基以上の石碑を見ることができる。

人穴富士講遺跡から県道75号を北上し、再び国道１３９号を渡って下るとゴールである猪之頭公園だ。猪之頭は、明治初期までは〝井の頭〟と記され、富士山や毛無山系の伏流水がいたるところからコンコンと湧き出し、芝川や五斗目木川の源になっている。源頼朝が富士山の巻狩りに来たとき一夜の陣を張ったと伝えられる陣場の滝もそのひとつだ。滝の構造は白糸の滝と似ており、上流からの水と溶岩層から噴き出す水が落下する。白糸の滝と違うのは、夏場ともなると滝壺で自由に水浴びをする子どもたちの傍ら、大人たちがポリタンクにせっせと湧水を詰めていることだ。

猪之頭は清冽な水が水路となって集落を網の目のように走っている。ワサビ田があり、水路では地元のお母さんが野菜を洗っている。時間があったら散策して、富士山の恵みである湧水を体感してみたい。

ACCESS & DATA

交通アクセス

●白糸の滝
バスの場合／富士宮駅から富士急バスで30分（徒歩5分）
マイカーの場合／東名富士ICから30分、中央道河口湖ICから60分

●猪之頭公園
バスの場合／富士宮駅から富士急バスで30分（徒歩15分）
マイカーの場合／東名富士ICから35分、中央道河口湖ICから40分

湯どころ

●あさぎり温泉 風の湯
静岡県富士宮市上井出3470-1
☎0544-54-2331

問い合わせ

●富士宮市観光協会
☎0544-27-5240

江戸時代、関東一円に

1. 現役の御師の家・大国屋の在りし日
2. 北口本宮冨士浅間神社の吉田口登山道
3. 長谷川角行ゆかりの人穴富士講遺跡
4. 現在、入洞禁止の人穴内部（提供／富士宮市）

人穴富士講遺跡は富士山信仰の聖地

富士山は、その秀麗さとは裏腹に恐い顔も持っている。過去、いくたびも噴火を繰り返し、人々を畏れさせた。「浅間大神（大菩薩）さま、どうかお鎮まりください」と、人々は祈り祀った。一方で、その荒々しい自然に人智の及ばぬ霊力を見いだす人たちもいた。江戸時代に流行した富士山信仰の集団「富士講」が、その代表格である。

鎌倉時代の建仁3（1203）年2代将軍・源頼家は軍事訓練を兼ねた巻狩りを現在の朝霧高原で行った。そのとき富士山の噴火で生まれた溶岩洞窟である人穴を発見。鎌倉時代の歴史書『吾妻鏡』によると、家来の仁田忠常に命じて探検させたが、忠常一行は災難に遭った。土地の古老が言うには、人穴は「浅間大菩薩（大神）の御在所なので、むやみに見に行く場所ではない。くわばら、くわばら」とある。

そんな人穴に、長谷川角行《かくぎょう》（1541～1646年）という行者がこもって超人的な荒行を行い、法力をつけた。浅間大神から授かったという「フセギ」という護符で、疫病を治してしまったともいわれる。以来、角行は富士山信仰の集団である「富士講」の開祖とされ、人穴は富士山信仰の聖地とされている。

最初の頃はおもに修行僧の富士登山だったが、室町時代になるとだんだんと大衆化してきて、江戸時代になると富士講を中心とした庶民の信仰登山が盛んになった。そうした富士講の登山口として栄えたのが富士吉田である。

富士講の道者（信者）が、おもな登山口としていたのが北口本宮冨士浅間神社（富士吉田市）だ。この町には神職と宿坊を兼ねた道者を相手にする御師《おし》という職業の人たちがおり、最盛期には90軒近くあった。現在、現役の御師の家は2軒だ。

ブームを巻き起こした富士講とは？

5．北口本宮冨士浅間神社。富士講の道者でにぎわった神社でもある
6．大正時代の富士講中の登山風景。白装束の道者と強力たち
7．吉田口登山道の中の茶屋前。登拝記念の石碑が多く残る

江戸中期に登場した2人のカリスマによって大ブームとなった富士講

江戸中期、5代将軍・徳川綱吉の元禄時代。幕政は一応の安定をみせ、町人文化が花開いた。そんな太平の世を揺るがしたのが宝永4（1707）年の富士山の大噴火である。そういう時代に富士講を大きく発展させる新しいカリスマを迎えた。角行から6代目に当たる富士講の指導者である村上光清《こうせい》と食《じき》行身禄《ぎょうみろく》（俗名は伊藤伊兵衛）だ。

村上光清は、江戸の裕福な商人であり、指導者として多くの弟子を抱えていた。一方、伊藤伊兵衛は、一度は大店に養子縁組したものの、離縁して油売りをしていた苦労人だ。5代目の月行に見いだされ、食行身禄を名乗ったが、師匠の月行同様、お金もなければ弟子もいないという孤高の行者だった。

吉田の町では〈富士の吉田に二人の行者。乞食身禄に大名光清。これじゃ角力（すもう）になりませぬ〉と、子どもたちははやしたてた。ところが、享保18（1733）年に食行身禄が7合5勺の烏帽子岩で入定（62歳）すると評価は一変した。一気に人気が高まったのだ。享保18年は、前年の西日本を中心とした大飢饉の影響で江戸でも米価高騰に怒った庶民が米問屋を襲った。不穏な年だった。

身禄は烏帽子岩の岩室で31日目に没したが吉田の御師で田辺十郎右衛門（身禄の弟子となり北行鏡月を名乗る）が、その間の身禄とのやり取りを記録しており、その内容が庶民の心を揺さぶった。

「富士山は浅間大菩薩であり、浅間大菩薩は富士山だ。つまり一体のものだ。われわれ人間も動物も植物も、浅間大菩薩の恵みによって、この世にある。天地自然を大事に考え、自分を生んだ浅間大菩薩に報恩の誠を尽くすことこそ、われわれ富士講の神髄である。その報恩の心は、父母への孝行として現れる」といった内容だ。

村上光清も負けてはいなかった。元文3（1738）年に、北口本宮冨士浅間神社の大修復を行った。いずれにしても、この二人の指導者のおかげで、江戸末期には「江戸八百八町に八百八講」といわれるほど富士講は隆盛を極め、関東一円にブームは広まった。江戸市中で「富士塚」という築山がつくられたのもこの頃からだ。

白装束に身を包み、金剛杖に鈴というでたちで「六根清浄」を唱えながら山頂を目指す。煩悩や迷いを引き起こす元になる目・耳・鼻・舌・身・意識を断ち切って心身を清らかにする。そして富士山の大いなる霊力を頂く。

それが富士講スタイルだ。現在、講中の数こそ少なくなったものの、その伝統は今も受け継がれている。

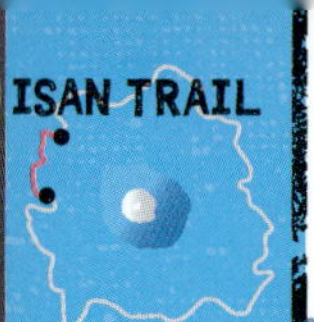

歩行時間	5時間25分
歩行距離	13.8km
標高差	最高地点：1050m 最低地点：730m

猪之頭公園←割石峠（県境）

恵み豊かな湧水地帯から大平原をへて県境まで

取材・文／高橋秀樹

富士山の湧水の恩恵をそこかしこに感じる富士宮市猪之頭地区。このコースでは富士宮市の魚であるマスの釣り堀や養鱒場、野鳥の森がある猪之頭公園を出発し、県境の峠を目指す。

公園を出て県道414号を渡り、井之頭中学校の脇を進むと、東海自然歩道の標識がある。この間の道筋が少し分かりにくい。遠照寺バス停で降り、陣馬の滝まで行くと、そこが東海自然歩道のルート上なので、そこから標識に従って北上するほうが迷わないかもしれない。ついでに陣馬の滝で湧水を補給したい。途中に水場は無い。それに富士山のご利益をいただいたような気にもなれる。

東海自然歩道は道標が整備された一本道だ。道標を見つけたら、まずはグリーンパーク方面に向かって歩き出す。木々が茂る未舗装の山道に入り、道標にやがて「麓」の文字があれば間違いない。道は基本的に上りだがアップダウンは少なく、1時間20～30分で毛無山山麓の麓《ふもと》という集落に着く。ここは10世帯ほどの小集落だが、歴史的になかなか興味深い土地柄である。

背後にひときわ高い山塊がそびえている。標高1964mの毛無山だ。実は、その昔ここは金が出る山でもあった。武田

1 猪之頭公園
← 70分
2 麓のつり橋
← 35分
3 竹川家
← 5分
4 ふもとっぱら
← 65分
5 東海自然歩道（根原）
← 35分
6 根原のつり橋
← 115分
7 割石峠

東海自然歩道

2 麓のつり橋

陣馬の滝は静岡県設定のルートからは少しそれているが、清冽な湧水が流れる美しい滝。時間があったらぜひ立ち寄ってみて

陣馬の滝

竹川家 3

❷ 麓のつり橋は小さいながらも橋上からは開けた眺望が楽しめる

❸ 立派な門構えの竹川家。この地域の金山は今川、武田、徳川と引き継がれ江戸時代まで採掘されていた

東海自然歩道をひたすら北上 高原の風景を抜け、県境へ

信玄が採掘させた山梨県側の湯之奥金山と同じ鉱脈に属し、富士金山と呼ばれる。集落には立派な門構えの家がある。かつての金山奉行で、のちに徳川幕府の森林を管理する御林守、竹川家だ。

　麓から東に目をやると、富士山が山頂から裾野まで惜しげもなく、その肢体を見せてくれる。麓には広大なふもとっぱらキャンプ場がある。遮るものがない草の原っぱで、ここからの富士山は絶景。逆さ富士が映り込む池はカメラマンに人気の撮影地だ。

　東海自然歩道を根原を目指し、北上する。しばらく舗装路だが、黒々とした土道とゴツゴツした石の道が現れる。雨の後などはぬかるんで歩きにくい。黒ボクと呼ぶ火山灰土で、富士山の荒々しい歴史を実感できる道だ。途中、スギやヒノキに覆われた薄暗い小道を上るが、それは束の間で再び、広大な草原と富士山を仰ぐ道になる。

　東海自然歩道沿いに電気柵が張られ、その向こうには牧場が広がる。草原にはポツンポツンと溶岩らしき岩が顔を覗かせる。冬枯れの時期には放牧されていないが、夏の空気の澄んだ日なら富士山とホルスタインののどかな風景が眺められるかもしれない。「富士山には月見草が似合う」といった太宰治だが、ここ朝霧高原には牛の群れも似合う。

　牧場を過ぎると東屋が現れる。眺望がよく休憩には絶好の場所だ。東海自然歩道の案内板があり、分岐点でもある。東屋を下ると茫洋としたカヤの原が広がる。原野という言葉が似合うこの一帯が根原地区だ。かつて東海道吉原

ふもとっぱら名物の逆さ富士。幻想的な美しさが多くのカメラマンを惹きつけてやまない

#03 猪之頭公園 → 割石峠（県境）

宿から甲府を結ぶ中道往還（現在の国道139号）は金の交易ルートでもあったことから根原には関所があった。

カヤの原を見ながら、毛無山から雨ヶ岳の裾野に沿うように進む。再び迂回路の案内板が出てくるが、そのまま樹林帯へ。ここからやや上りになり、根原のつり橋にさしかかる。麓から2時間弱の道程だ。つり橋を過ぎ、A沢貯水池の脇を進むと岩石がゴロゴロとしたガレ場の道を登っていく。この道は竜ヶ岳（1485m）への登山道でもあり、コース上では一番の難所。貯水池から40分ほどで端足峠分岐があり、そこを割石峠方面に進む。根原のつり橋から2時間弱で静岡と山梨の県境・割石峠だ。

ACCESS & DATA

交通アクセス

●猪之頭公園
バスの場合／富士宮駅から富士急バスで30分（徒歩15分）
マイカーの場合／東名富士ICから35分、中央道河口湖ICから40分

●割石峠
バスの場合／河口湖駅から富士急バスで45分（徒歩5分）。富士宮駅から富士急バスで40分（徒歩５分）
マイカーの場合／東名富士ICから30分、中央道河口湖ICから30分 ※付近にPなし。道の駅などへ

湯どころ

●あさぎり温泉 風の湯
静岡県富士宮市上井出3470-1
☎0544-54-2331

●富士山 天母の湯
静岡県富士宮市山宮3670-1
☎0544-58-8851

問い合わせ

●富士宮市観光協会
☎0544-27-5240

ふもとっぱら 4

東海自然歩道・根原 5

根原のつり橋 6

Goal 7 割石峠（県境）

❹ ふもとっぱらにあるキャンプ場。通年営業で富士山の御来光を楽しみに正月や厳冬期にもテントを張るキャンパーが少なくない

❺ 夏場は青々とした草原にそびえる富士山が眺められる東海自然歩道

❻ 根原のつり橋。一度に5人までしか渡れず揺れが大きい

寄り道 SPOT

富士宮焼きそばとお好み焼き
むめさん

☎ 0544・54・1161
静岡県富士宮市上井手854-50
7:00～9:00、10:30～19:00
火・第3水曜休み

キャベツたっぷりのお好み焼き、コシのある富士宮焼きそばが二枚看板でどちらも種類豊富。休日には家族連れやグループ客でにぎわう。朝7時から9時までは朝食メニューと焼きそば、お好み焼きは10時30分から注文できる。

朝霧周辺の幸が勢ぞろい
道の駅朝霧高原

☎ 0544・52・2230
静岡県富士宮市根原宇宝山492-14
8:00～18:30　無休

地元の特産品や農産物直売所、レストランがある。酪農や牧畜が盛んな土地柄らしくソフトクリームや乳製品、ハム・ソーセージなどが充実。レストランでは朝霧ヨーグル豚と地元産のネギたっぷりの肉丼がおすすめ。

麓から2.5km地点の東屋／東屋前の案内板には荒天時の迂回路(私有地)も表示されている

東海自然歩道の道標をグリーンパーク、麓方面へ向かって進む

アドバイス

猪之頭公園から東海自然歩道へのアプローチが分かりにくいので陣馬の滝(P22)をスタートしてもいい。東海自然歩道は道標がしっかりしているが、根原付近に分岐が何箇所かあるので見逃さないこと。

花・樹木

- 猪之頭のミツバツツジ／4月中旬～下旬
- 猪之頭公園／紅葉11月中旬～下旬
- 天子山塊／紅葉10月中旬～11月初旬

富士河口湖町

#04

GURURI FUJISAN TRAIL

歩行時間	4時間15分
歩行距離	17km
標高差	最高地点：990m 最低地点：907m

割石峠（県境）←富岳風穴

瑠璃色にきらめく本栖湖と樹海の神秘に触れる

取材・文／塩澤良雄

青木ヶ原自然歩道。神秘的な樹海もこのコースの一部。溶岩や樹林帯が独特の雰囲気を醸し出す

❶割石峠 ←15分 ❷富士本栖湖リゾート ←30分 ❸竜ヶ岳ビューポイント ←5分 ❹本栖湖 ←10分 ❺与謝野晶子歌碑 ←65分 ❻城山 ←80分 ❼青木ヶ原自然歩道 ←50分 ❽富岳風穴

長く尾を引く秀麗な富士山や、構成資産である本栖湖の湖畔を経て、樹海と呼ばれる原生林帯を歩くコース。溶岩が織りなす自然の造形美も堪能できる。

スタート地点の割石峠は国道139号を約50m西に入った所にあり、静岡と山梨の県境に位置する。付近に駐車場がないため、マイカーなら静岡側の道の駅朝霧高原などから出発しよう。路線バス利用者は停留所

割石峠
1

Start

2
富士本栖湖リゾート

❶ 割石峠は山梨と静岡の県境にある広い峠。国道139号を西に入った場所に位置し、標高は978m

❷ 富士本栖湖リゾート。広大な敷地に植栽された約80万株の芝桜は首都圏最大級。ピンクと白が織りなす花の絨毯に加え「竜神池」に映る逆さ富士も見事。開花時期には多彩なイベントが開かれ、足湯コーナーや展望デッキもある

「県境」から歩き出すと良い。峠から1㎞ほど山梨側にある富士本栖湖リゾートでは毎年4～5月にかけて「富士芝桜まつり」が開催される。富士山をバックにピンクや白に染まる満開の芝桜は見事で、観光客でにぎわう人気スポットだ。

700mほど進むと国道139号が緩やかなカーブを描き、西側のガードレールが切れている場所がある。ここが本栖湖に向かう東海自然歩道の入り口だ。歩道は高木のヒノキ、カラマツなどの針葉樹林や雑林に覆われ、昼でも薄暗く独特の雰囲気。足元には木の根や溶岩がゴロゴロと転がっていて、歩きにくいので注意しよう。道標に従って本栖湖を目指そう。分岐地点には必ず道標があるので迷うことはない。

樹林帯を抜ける直前に、ヴィラ本栖の敷地に出る。ここは東京都中央区所有の保養所だが、区民以外でも宿泊や風呂の利用ができる施設だ。周辺の樹木には樹木名の書かれた名札が設置され、木の名前を覚えるのにちょうどいい。

本栖湖東岸はキャンプ場などがあり、湖では遊覧船「もぐらん」が周遊している。通年で釣りができ、夏季はウインドサーフィンなどのマリンスポーツを楽しむ人の姿が見られる。

本栖湖は最大水深約121・6mと、富士五湖の中では最も深く、その神秘さゆえに「竜神伝説」のある湖として知られている。しかし、戦前の明星派の

歌人である与謝野鉄幹・晶子夫婦が大正12（1923）年8月に富士五湖を訪れ、五湖周遊の歌を詠んだことや本栖湖東岸に歌碑があることは、あまり知られていない。

湖畔沿いの道から本栖湖や竜ヶ岳の眺めを堪能したら、再び東海自然歩道に戻ろう。入り口は国道300号の手前にあり、道標があるが見落としやすいので注意しよう。

ここからは高い樹木はなく、草むらのようなコースだ。湖に沿って1kmほど進み、国道300号を横断する。辺りは「本栖の天然ヒノキ林」として「やまなしの森林百選」に指定されている。

道標に沿って、烏帽子岳、城山の南側を巻くように東海自然歩道を進む。城山は、烏帽子岳から青木ヶ原樹海に向けてせり出した山であり、古文書「甲斐国志」によると、山頂にのろし台があったと伝わる史跡だ。中世の軍事上、重要な中道往還の関門の役目を果たした砦であったことが、地勢や周囲の遺構・土塁・石塁などから推察され

五湖で最深、竜神伝説も残る本栖湖

5 与謝野晶子歌碑

3 竜ヶ岳ビューポイント

❸ 本栖湖畔南東から望む竜ヶ岳。標高1485m。山梨百名山の一つで展望が良く、富士山頂から太陽が昇り、キラリと輝くダイヤモンド富士（12月上旬〜1月上旬）は感動的だ

❹ 本栖湖は全国屈指の深さを誇り、最大水深約120m。晴れた日には湖面が瑠璃色に輝く。湖岸に迫る真っ黒な溶岩と濃緑色の湖水とのコントラストも美しい

❺ 夫鉄幹とともにこの地に立ち寄った与謝野晶子がその折に詠んだ歌「本栖湖をかこめる山は静かにて烏帽子が岳に富士おろし吹く」が碑に刻まれている

本栖湖 4 構成資産

る。「やまなしの歴史文化公園」にも指定されている。

　歩を進めると、十数件が民宿を営む精進湖民宿村が見えてくる。1966年9月に山梨を襲った台風26号後に、精進湖周辺住民が樹木に囲まれた安全な場所に移転してできた集落である。

　民宿村を過ぎて富岳風穴を示す道標に従って再び東海自然歩道のツガ・ヒノキの樹林帯に入る。歩道はよく整備されていて歩きやすい。樹林帯の中はひんやりして、夏場は快適だ。樹木や溶岩に密生した苔を眺めながら高低差のない歩道を進む。このコースは青木ヶ原自然歩道とも呼ばれ、道標が随所に設置されているので、迷うことはない。

　道標に従い富岳風穴駐車場を目指す。国道139号に面し、大型バスも含め50台分の駐車スペースがある。駐車場に隣接し、レストランを併設した土産店「森の駅　風穴」からは約2分でゴール地点の富岳風穴である。

城山
6

❻城山は「やまなし歴史文化公園」内にある史跡で標高1056m。自然の地形を利用し、郭を設け、防護を固めた中世の山城だ

❼11都府県約90市町村にまたがる長距離自然歩道・東海自然歩道の一部は青木ヶ原樹海を通る

ACCESS & DATA

交通アクセス

●割石峠
バスの場合／河口湖駅から富士急バスで45分（徒歩5分）。富士宮駅から富士急バスで40分（徒歩5分）
マイカーの場合／中央道河口湖ICから30分。東名富士ICから30分　※割石峠付近には駐車場なし。道の駅朝霧高原などへ
●富岳風穴
バスの場合／河口湖駅から富士急バスで26分（徒歩3分）
マイカーの場合／中央道河口湖ICから15分

問い合わせ

●本栖湖観光協会
☎0555-87-2518

7
青木ヶ原自然歩道

富岳風穴
8
Goal

寄り道SPOT

25分の遊覧船で湖をぐっと身近に
本栖湖遊覧船「もぐらん」

☎0555・72・0029（富士五湖汽船）
山梨県富士河口湖町本栖325
9:30～15:30（季節により変動あり）
11月下旬～3月中旬は休業

かわいいイエローサブマリン型の遊覧船は定員50名。25分かけて本栖湖を一周する。河口湖駅から本栖湖方面行きバスで47分、本栖レストハウス下車、徒歩10分。

夏もひんやり。歩きやすい横穴型洞窟
富岳風穴《ふがくふうけつ》

☎0555・85・2300
山梨県富士河口湖町西湖青木ヶ原2068-1
9:00～16:30（季節により変動あり）
無休（冬期不定休）

国の天然記念物に指定された横穴型溶岩洞窟。樹海の中にあり総延長は約200m。内部の年間平均気温は3度前後で氷柱もある。15分の見学コースでは溶岩棚や縄状溶岩なども見られる。

#04 割石峠 → 富岳風穴

青木ヶ原自然歩道のコースになっている部分は明るく歩きやすい

富士眺望の湯ゆらり／富士山が望める露天風呂が好評

ぐるり富士山まめ知識

溶岩上にできた大原生林「青木ヶ原樹海」

貞観6（864）年に富士山の北西で起きた大噴火（貞観の噴火）によって、流れ出た溶岩の上に苔や草、低木が生え、千年以上の時を経て現在のような装いとなった。

標高900～1300m付近に位置し、樹林帯の面積は約30平方kmにも及ぶ。水分や養分の少ない土壌であり、常緑針葉樹が多い。富士箱根伊豆国立公園に属し、国の天然記念物に指定されている。ここ数十年の間に散策コースが相次いで整備され、今回紹介したコース以外にもトレイルが楽しめるエリアが点在する。

アドバイス

ロングコースで、青木ヶ原自然歩道（東海自然歩道）の歩行時間が長い。遊歩道は、むき出しの硬い溶岩上に整備されており、膝や足首に過度の負担がかかるので注意が必要だ。

花・樹木

- 富士本栖湖リゾート／芝桜4月中旬～5月中旬
- 青木ヶ原自然歩道／ミツバツツジ4月中旬～5月上旬、新緑5月中旬～6月中旬
- 国道300号沿い／ミツバツツジ4月中旬～5月上旬、紅葉10月下旬～11月上旬

精進湖
構成資産
精進ブルーライン
358
139
赤池
身延町
パノラマ台
富士河口湖町
706
80分
(6.0km)
精進湖民宿村
烏帽子岳
1257
中之倉トンネル
千円札の富士山
ビューポイント
(P99「サブコース番外編」)
本栖みち
青木ヶ原
城山
1056
「本栖湖」または
「精進湖」方向に
進む道標あり
80分
(4.0km)
県営駐車場
本栖ロッジ
139
国道の下を
通り抜ける
300
本栖湖
構成資産
東海自然歩道
の道標
与謝野晶子歌碑
本栖入口
県営駐車場
本栖
潜水艦型遊覧船もぐらん
(P33)
県営駐車場
竜ヶ岳ビューポイント
本栖湖キャンプ場
709
709
ヴィラ本栖
139
本栖湖へ向かう道標
に従い、国道から東
海自然歩道に入る
竜ヶ岳
1485
30分
(2.0km)
富士本栖湖リゾート
富士パノラマライン
東海自然歩道
15分
(1.0km)
#03コース
(P26)
県境
割石峠(県境)
START
139
根原
富士宮市
静岡県
山梨県
道の駅朝霧高原

富士五湖の中で最西端に位置する本栖湖。透明度の高さで知られている

鳴沢村
富士河口湖町

#05

GURURI FUJI ISAN TRAIL

歩行時間	4時間
歩行距離	16km
標高差	最高地点：1040m 最低地点：837m

初夏になると約8万本のラベンダーが咲き誇る八木崎公園

富岳風穴 ← 河口湖大池公園

原生林を抜け、溶岩の神秘を体感 湖畔の公園散策も

取材・文／塩澤良雄

1 富岳風穴

1 富岳風穴
← 25分
2 鳴沢氷穴
← 50分
3 道の駅なるさわ
← 15分
4 魔王天神社
← 1分
5 鳴沢溶岩樹型
← 109分
6 道の駅かつやま
← 15分
7 富士御室浅間神社
← 15分
8 八木崎公園
← 10分
9 河口湖大池公園

富岳風穴を出発点に鳴沢村を経由し、河口湖南岸の公園などを巡るコース。富岳風穴から、まずは1・4km離れた鳴沢氷穴を目指す。道中の東海自然歩道は、国道139号から離れているため騒音はない。静寂に包まれたツガやヒノキの原生林の中を、美しい苔に覆われた溶

▲溶岩スパイラクル群。溶岩が湿った土壌や樹林帯に流れ込んで作られた水蒸気噴気孔。ジラゴンノ運動場横のスパイラクル群も鳴沢氷穴と同じ864年に長尾山噴火で形成された

道の駅なるさわ 3

2 鳴沢氷穴

パディーフィールド

富士緑の休暇村

❷鳴沢氷穴は総延長156m。内部の年間平均気温は約3度。864年の噴火で噴出した溶岩が冷え固まる際に形成された

❸新鮮な地元産高原野菜などが人気の道の駅なるさわ。一周約30分の自然探索路を併設する

岩や倒木などを眺めながらゆっくり歩こう。青木ヶ原樹海には、ほかでは見ることができない独特な光景が広がっている。

鳴沢氷穴は竪穴環状の溶岩洞窟だ。江戸時代にはここから氷を江戸に献上していたという話も伝えられている。道標に従い富士緑の休暇村方面を目指そう。ここからは樹海を離れるので、何ら視界を遮るものがなく、晴れた日には雄大な富士山を間近に眺められ、富士の麓を歩いているのが実感できる。

県道71号を経由して国道139号を目指す途中には、乗馬施設パディーフィールドがあり、富士山を眺めながらの外乗が人気。国道139号の手前を右折し、両側に高い樹木がそびえる舗装道路を進み、別荘やホテル・じらごんの森の館を経て国道に出る。

富士緑の休暇村はテニスコートなどを併設した宿泊施設。この南側にあるジラゴンノ運動場の近くでは、溶岩スパイラクル群が見られる。スパイラクルとは「熔岩水蒸気噴気孔」のことで、漏斗状の空洞をいう。これは世界的に報告例が極めて少ない珍しいものだ。

温泉施設・富士眺望の湯ゆらりやソフトクリーム「富士桜ミックス」が名物の、道の駅なるさわ、鉱石ミュージアムやシアターなどが人気を集める、なるさわ富士山博物館などを抜け、国道139号を横断して天神山入り口に向かう。

国道を渡るとすぐに朱色の神楽舞台が見え、通りを挟んで魔王天神社という一風変わった名の神社が現れる。ここは魔王の山をご神体として礼拝している。鳴沢村では魔王大六天（オダイローサマ）と親しみを込めて呼ばれ、台風などで農作物に風の被害が予想される時には風の神に無事を祈った。また戦時中は、武運長久祈願の人々でにぎわったそうだ。近くには、1952年に国指定特別天然記念物となった鳴沢の溶岩樹型がある。

北側に紅葉台から足和田山（五湖台）に向かって延びた稜線、南側に長く裾を引く富士山を見ながら鳴沢村の住宅地を進む。付近の畑に目をやる

#05 富岳風穴 → 河口湖大池公園

魔王天神社 4

と、野菜やブルーベリーを栽培する農家が目立つ。この路線は「原のみち」とも呼ばれている。

鳴沢村総合センターを過ぎたら左折し、畑と雑木林沿いに続く舗装道路をしばらく行くと、足和田山の尾根の末端に至る。山側から離れ、道標に従い河口湖総合公園方面を目指そう。近くには、慶長年間（1596〜1615）創建とされ、応神天皇を祭神とする八幡神社、大田和公民館の近くには薬明王大権現の史跡がある。史跡は玄武岩でできており、薬王菩薩あるいは薬上菩薩が薬明王大権現として姿を現したものであるといわれ、この地の古い信仰を今に伝えている。また同時に金石文の上からも貴重な史跡だ。

県道714号をしばらく進むと、河口湖が一望できる羽根子山ハイキングコース入り口がある。この一帯はかつては「剗《せ》の海」と呼ばれる湖であった。ここまで来れば河口湖の南湖畔は近い。

湖畔にある道の駅かつやまでは、ご当地グルメを味わったり地場産品、富士山麓の新鮮野菜などを選んだりするのも楽しい。河口湖エリアを満喫する情報も入手できる。湖畔道路を挟んだ小海公園は芝生広場が広がり、家族連れなどでにぎわう。

ここからは湖畔ウオーキング

富士に宿る力を感じる樹型や史跡

❹ 魔王天神社はおびただしい奉剣のある神社。例祭日には神楽が奉納され、古代信仰の研究者もしばしば訪れる

❺ 1952年に特別天然記念物に指定された鳴沢溶岩樹型。溶岩樹型とは溶岩流や火砕流などで樹木が燃え尽きた時に形成された空洞。大木の幹の形がよく分かる

❻ 道の駅かつやまは2階の円形展望台も人気。周辺には1.6kmの湖畔遊歩道も整備されており、水辺の景観と散策を楽しめる

鳴沢溶岩樹型 5

薬明王大権現は古代の甲州と駿州を結んだ主要道「若彦路」の道標として1253年に建立された歴史ある石造物

道の駅かつやま 6

寄り道 SPOT

多彩なパワーストーン好評

なるさわ富士山博物館

☎0555・20・5600
山梨県鳴沢村8532-64
9:00～18:00（季節により異なる） 無休

マルチスクリーンに映し出される富士山やマグマの様子が分かる巨大富士山模型をはじめ、宝石やパワーストーンなどを販売する鉱石ミュージアムコーナーがユニーク。周辺にはミツバツツジが群生する。

やさしい雰囲気の人形が勢ぞろい

河口湖ミューズ館・与勇輝《あたえゆうき》館

☎0555・72・5258
山梨県富士河口湖町小立923
9:00～17:00（入館16:30） 木曜定休

八木崎公園の一角にあり、日本を代表する人形作家・与勇輝の作品を展示する。3つの展示室とティールーム、ショップで構成され展示室では常設展や企画展を展開している。

❼ 構成資産

冨士御室浅間神社

❼「おむろさま」の名で親しまれる冨士御室浅間神社。本宮は富士山吉田口登山道2合目で9世紀の初頭に建立されたといわれるが、厳しい自然環境から度々損壊。本殿保存のため1973年に現在地に移設し、翌年に完成した

小海公園

❽ 八木崎公園

河口湖大池公園 ❾

Goal

構成資産
河口湖

トレイル道路（遊歩道）を歩く。谷崎潤一郎文学碑をはじめ、さくや愛の鐘、田中冬二詩碑、芝生広場のシッコゴ公園が点在する。いにしえの文人に思いを馳せて、ゆったりとトレイルを満喫しよう。

湖畔道路を挟んだ冨士御室浅間神社は〝おむろさま〟の名で親しまれている古社で、本宮を御室浅間神社、里宮を勝山浅間神社と呼ぶ。その先の八木崎公園は初夏になるとラベンダーが咲き誇り、湖畔を薄紫色に染める。毎年6月中旬から7月中旬に「河口湖ハーブフェスティバル」が開かれている。園内の河口湖ミューズ館・与勇輝館では人形作家の作品を常設展示している。

湖上に富士河口湖町の史跡に指定されている川窪寺屋敷保存施設の六角堂が見えてきたら、ゴールの河口湖大池公園だ。高さが20m以上もある約90本のポプラが特徴。サイクリングを楽しむ人も多い。

ACCESS & DATA

交通アクセス

●富岳風穴
バスの場合／河口湖駅から富士急バスで26分（徒歩3分）
マイカーの場合／中央道河口湖ICから15分

●河口湖大池公園
バスの場合／河口湖駅から富士急バスで8分（徒歩1分）
マイカーの場合／中央道河口湖ICから20分

湯どころ

●富士眺望の湯ゆらり
山梨県鳴沢村8532-5
☎0555-85-3126

●露天風呂 開運の湯
山梨県富士河口湖町船津6713-22
☎0555-73-2655

問い合わせ

●鳴沢村観光協会（道の駅なるさわ内）／☎0555-85-3900
●富士河口湖町役場観光課（平日）／☎0555-72-3168
●富士河口湖観光総合案内所（土日祝）／☎0555-72-6700

#05 富岳風穴 → 河口湖大池公園

河口湖
構成資産
うの島
構成資産
八木崎公園
#18 コース (P104)
冨士御室浅間神社
橋の下を
通り抜ける
河口湖大橋
シッコゴ公園
田中冬二詩碑
さくや愛の鐘
15分
(1.0km)
25分
(2.0km)
谷崎潤一郎文学碑
勝山歴史民俗
資料館
河口湖ミューズ館・
与勇輝館
(P38)
河口湖大橋南
GOAL
河口湖
大池公園
河口湖ハーブ館
横断注意
小海公園
道の駅かつやま
勝山小中学校入口
乳ヶ崎北
河口湖交番前
乳ヶ崎南
小海
町役場前
#06 コース (P42)
富士河口湖町役場
125分
(9km)
横断注意
富士パノラマライン
東恋路
薬明王大権現石碑
山梨赤十字病院
大田和
町民運動場
河口湖総合公園
鳴沢村
富士河口湖町
河口湖カントリークラブ
鳴沢ゴルフ倶楽部
富士桜カントリー倶楽部
N
500m
0
500
1000
1500

ぐるり富士山まめ知識

ジラゴンノの意味とは？

富士山は古代、象徴的存在として長兄（いわゆる太郎）に位置付けられていたといわれる。太郎の中世風の読み方が「タラ」で、次男（次郎）は「ジラ」。次男より長兄の聖性が守られていた甲斐（山梨）では、富士山が「太郎」である以上、次郎の介入する余地はなかった。

中世以降、甲斐と駿河（静岡）を結ぶ主要道が「若彦路」だった。「若彦路」は富士山（太郎神）の地所とされ、この路を通るには、長兄の領地を“拝借”するしかなかった。この拝借を漢語で「権能（ごんのう）」と言う。現代風に言い換えると「次郎による太郎の地の間借り」。すなわち「次郎権能＝ジラゴンノ」なのだ。由来には諸説あるが、鳴沢村には、ジラゴンノを連想させる「今野」「大夫今野」といった地名が残されている。

アドバイス

コース前半は、神秘的な青木ヶ原樹海内にある溶岩歩道が多くを占める。後半は、舗装された生活道路、農道、車道、湖畔道路とバラエティーに富んだ歩道となる。

花・樹木

- 道の駅なるさわ／ミツバツツジ 4月下旬～5月中旬
- 原の道／ブルーベリー5月中旬～下旬

紅葉台からの富士山／紅葉台はこのトレイルコースからやや外れているが、富士山のビュースポットとして人気が高いので、日を改めてまたは帰りに立ち寄るのもおすすめだ

歩行時間	4時間15分
歩行距離	17km
標高差	最高地点：963m 最低地点：837m

河口湖大池公園←山中湖花の都公園

富士山信仰の歴史をたどり世界文化遺産を巡る

文　塩澤良雄

構成資産

忍野八海の菖蒲池。昔は悪疫が流行した際、村人がここのショウブを取って身体に巻き付ける風習があったという。奥には八海菖蒲池公園がある

富士山信仰の歴史をたどりながら、富士山吉田口登山道の起点である北口本宮冨士浅間神社や湧水群・忍野八海を経由し、山中湖花の都公園に至るコース。

出発点の河口湖大池公園は、河口湖の南岸、河口湖大橋の南

Start

1 河口湖大池公園

1 河口湖大池公園 ←60分← 2 金鳥居 ←5分← 3 御師旧外川家住宅 ←15分← 4 北口本宮冨士浅間神社 ←15分← 5 新屋山神社 ←30分← 6 富士山レーダードーム館 ←60分← 7 忍野八海 ←40分← 8 山中のハリモミ純林 ←30分← 9 山中湖花の都公園

金鳥居
2

構成資産
3
御師旧外川家住宅

4
北口本宮
富士浅間神社

構成資産

❷ 金鳥居は高さ9.7m。中央の扁額には「冨士山」の文字が記されている

❸ 母屋は1768年に建造された御師旧外川家住宅

❹ 北口本宮冨士浅間神社。本殿、東宮本殿、西宮本殿が国指定重要文化財。吉田口登山道の起点で、毎年7月1日に富士山開山祭を開催。その前日に登山道の注連縄を切り落とす古式ゆかしい儀式＝写真左上＝が行われる

東にあり、無料駐車場も完備されている。約90本ものポプラ並木が美しく、1〜2月に毎週末開かれる河口湖冬花火大会のメイン会場になる場所だ。

湖畔道路を河口湖交番前で横断し、船津三差路で国道137号に合流する。この道は笛吹市御坂《みさか》から続いているため別名・御坂みちと呼ばれ、富士山駅近くの金鳥居《かなどりい》へと続く。この間には、富士河口湖町指定有形文化財の最乗塔や丸尾地蔵堂などの史跡もある。

右前方に富士急ハイランドの独特の景観を眺めながらしばらく進むと、富士吉田市に入り、やがて富士山駅に着く。かつての富士吉田駅であるこの駅は、バス交通の拠点でもあり、富士スバルラインなどへ向かう路線バスや、静岡や関東、関西まで直通の高速バスが運行している。

市のシンボル的存在の金鳥居は国道139号（国道137号と重複）をまたぐように建つ。額縁に見立てた鳥居の真ん中に収まる霊峰・富士をカメラに収められる撮影ポイントだ。この路線は、別名「富士みち」とも呼ばれ、往時は上吉田宿として吉田口登山道の拠点であった。通りでは8月下旬に、富士山の夏山シーズンの終わりを告げる勇壮な「吉田の火祭り」が行われる。

富士みち沿いには、江戸時代を中心に隆盛し、富士講信者の宿泊や食事の世話などをした御師小佐野家住宅（非公開）や御師旧外川家住宅（有料）がある。いずれも構成資産で、富士山信仰と御師との関わりを垣間見ることができる。

歩を進めると北口本宮冨士浅間神社に着く。武田信玄の信仰も受けた由緒ある神社の境内は約8万平方m。古来から貴族庶民を問わず人々の崇敬を集めてきたここも、構成資産のひとつ。参道入り口から大鳥居までは杉の巨木が両側に立つ。苔むした約60基の石灯篭が並ぶ参道は、信仰の聖地ならではの霊験あらたかな雰囲気だ。

神社の参道を抜けて県道701号に出ると、用水路沿いが東海自然歩道だ。途中、金運神社として知られ、全国から多くの人が訪れる新屋山神社があるのでお参りしよう。

#06 河口湖大池公園 ➔ 山中湖花の都公園

しばらくすると、道の駅富士吉田、富士山アリーナ、地ビール＆レストランふじやまビール・ハーベステラス、アウトドア専門店などが集まるリフレふじよしだの南側に出る。中でも、富士山頂にあった気象観測台を移設した富士山レーダードーム館では、富士山の自然について体感したり、学ぶことができる。通りを挟んで向かいには2015年4月にリニューアルオープンしたふじさんミュージアムがあり、富士山信仰の歴史、地域の風習や文化を紹介しているので立ち寄ってみよう。

忍野入り口の交差点を経て、桂川に架かる鐘山橋の手前から東海自然歩道に入る。歩道入り口の幅は狭いが、進むにつれ広くなり、緑の樹木に覆われ、森林浴を堪能できる清々しい道が続く。しばらくすると完全舗装された道路となり、左折すると山梨県立富士湧水の里水族館だ。透明度の高い富士山の湧水を使った淡水魚専門水族館で、水槽の見せ方の独特の工夫や造りに定評があり、森の中の水族館というイメージがぴったりだ。

観光地も自然も満喫、湧水の名所は必見

道標に従って樹林帯を進み、忍野八海を目指そう。道路はなだらかな曲線を描き、庚申供養塔のある四つ角に出る。構成資産の中でも人気の忍野八海は、別名「富士山根元八湖」と呼ばれ、富士講信者が禊の場として使ったことで知られる。ここでは案内板に従って〝八つの海〟をすべて巡ることをおすすめする。

忍野八海を離れ、住宅地に延びた東海自然歩道を進み、山中湖方面へ向かう。間もなくすると、日本固有種のハリモミがそびえる樹林帯が見える。ここが山中湖平成の森

5 新屋山神社

6 富士山レーダードーム館

5 新屋山神社は金運神社と呼ばれパワースポットとして人気

6 富士山レーダードーム館では富士山の気象体験などができる

寄り道SPOT

森の中にある淡水魚の水族館

山梨県立富士湧水の里水族館

☎0555・20・5135
山梨県忍野村忍草3098-1
9:00～18:00
火曜定休（祝日の場合は翌日）

全国有数の淡水魚専門水族館。山梨の河川湖沼の水生生物や養殖魚類を展示。館内中央の二重回遊水槽は内外で仕切られており、希少種のイトウなど大きな魚と小さな魚が一緒に泳いでいるように見える。一帯は「さかな公園」として整備され、木立の中に遊歩道や遊具などがある。

富士山と河口湖の名が付いたプリン

木村屋

☎0555・22・3560
山梨県富士吉田市上吉田2
9:00～18:00　火曜定休

「富士山プリン」は国道138号沿いの洋菓子店・木村屋の逸品。地元素材を原料として、牛乳プリン、カスタードプリン、カラメルの3層で富士山を表現。地元商工会議所の「お土産品大賞」で最優秀賞に選ばれた。「河口湖プリン」も好評。

忍野八海 7 構成資産

出口池

お釜池

底抜池

鏡池

湧池

濁池

銚子池

※忍野八海の菖蒲池はP42

8 山中のハリモミ純林

8 道を挟むようにそびえるハリモミ純林

9 山中湖花の都公園

だ。

上村の信号を右折、県道717号に出よう。1963年に国の天然記念物に指定された山中のハリモミ純林は、溶岩流の上に孤立して発達した世界的にも例を見ない林相である。両サイドにハリモミを眺め、長く続いた森を抜けると目前に田園地帯が広がる。そして遠方に富士山のほぼ全容が見えてくる。ゴール地点の山中湖花の都公園は、約30万平方mの園内で、チューリップ（5月）、ポピー（6月）、ヒマワリ（8月）、コスモス（9月）など、季節ごとに彩りを変える花の競演が楽しめる。

ACCESS & DATA

交通アクセス

●河口湖大池公園
バスの場合／河口湖駅から富士急バスで8分（徒歩1分）
マイカーの場合／中央道河口湖ICから20分
●山中湖花の都公園
バスの場合／富士山駅から周遊バスで25分
マイカーの場合／東富士五湖道路山中湖ICから5分

湯どころ

●ふじやま温泉
山梨県富士吉田市新西原4-1524 ☎0555-22-1126

問い合わせ

●ふじよしだ観光振興サービス
☎0555-21-1000
●忍野村観光案内所
☎0555-84-4221

#06 河口湖大池公園→山中湖花の都公園

ぐるり富士山まめ知識

忍野八海のいわれ

忍野八海は、富士山の伏流水に水源を発する湧水池の総称で、文字通り八つの池で構成されている。

「出口池」は、八海の中で最大。東南側にある溶岩の隙間から清浄な水が湧出している。面積が八海の中で最小の「お釜池」は、釜の中で熱湯が沸騰するように湧出することから名付けられた。水深は7mと深く、水量は豊富だ。「底抜池」（有料）は、ほぼ楕円形の浅い池で、お釜池と地底で水脈がつながっているといわれている。「銚子池」は、この池に身を投げた花嫁の伝説から、「縁結びの池」といわれる。「湧池」は、逆円錐状でセキショウモの緑が美しく彩る。「濁池」は、行者が一杯の水を求めたが地主が断った途端、水が濁ってしまったという伝説がある。「鏡池」は昔、「鰶（このしろ）池」と呼ばれていた。風のない時には富士山が映るためこの名が付けられた。「菖蒲池」は、周囲に菖蒲が茂り、旧正月には筒粥の神事を行って、五穀の豊凶を占ったという。

アドバイス

よく整備された河口湖畔のウオーキングロードから、交通量の多い商店街や樹林帯を経て、観光の中核エリアに至る。トレイルする距離が長いので、計画的に。忍野八海周辺は歩道がないので注意して歩こう。

花・樹木

- ふじさんミュージアム／フジザクラ4月下旬、紅葉10月下旬～11月上旬
- 富士散策公園／フジザクラ4月下旬
- 鐘山の滝／ミツバツツジ4月下旬～5月上旬

山中湖村
小山町

#07

GURURI FUJISAN TRAIL

歩行時間	2時間15分
歩行距離	15km
標高差	最高地点：1098m 最低地点：797m

山中湖花の都公園 ← 富士浅間神社

季節の花を楽しみ古社や史跡を探訪

取材・文／塩澤良雄

山中湖花の都公園を出発して、湖畔に並行して走る古道上の史跡をたどりながら籠坂峠を経由し、県境を越えて静岡県小山町の冨士浅間神社（須走浅間神社）を目指す。

山中湖村の北西部にある山中湖花の都公園は、約30万平方mの広い敷地に見渡す限りの花畑が広がる人気スポット。四季折々の花で訪れる人を和ませてくれる。園内は無料エリアと有料エリアに分かれ、無料エリアからも季節の花と富士山の競演が楽しめる。

富士山に一番近い高原の花畑を堪能したら、山中諏訪神社を目指そう。別名・山中明神と呼ばれ、安産・子授けの守護神として崇敬されるこの神社には、妊産婦や新婚女性、最近は縁結びを求めて女性たちが訪れる。

ここから国道138号の上をまたぐ朱塗りの橋を渡れば山中浅間神社だ。ここには千年以上の歴史を誇る山中集落の氏神が祀られている。

武田氏支配の戦国時代に甲斐、相模、駿河を結ぶ鎌倉往還の要所であった山中口留番

1. 山中湖花の都公園
   ← 40分
2. 山中諏訪神社
   ← 1分
3. 山中浅間神社
   ← 9分
4. 袈裟がけの銀杏
   ← 5分
5. 白竜の松
   ← 4分
6. 山中湖
   ← 65分
7. 加古坂神社
   ← 1分
8. 籠坂峠
   （バス移動）← 10分
9. 冨士浅間神社

1

山中湖花の都公園。春のチューリップから秋のコスモスまで、四季の花々が楽しめるほか冬にはイルミネーションスポットとして人気を誇る

2 山中諏訪神社

❷山中諏訪神社の例大祭「安産祭り」(毎年9月4〜6日)本祭り＝写真右＝と奉納相撲＝写真上＝の様子。豊玉姫命をご祭神に縁結び・子授け・子宝・安産・子育てに御利益があるといわれる

❸山中浅間神社は平安時代の931年、郷民社殿を造営し、三柱の神(木花開耶姫命、天津彦々火瓊々杵尊、大山子祇命)を勧請して奉ったことが始まり。火災で全社殿を焼失したが再建された

❹袈裟がけの銀杏。日蓮上人が1268年に山中の坂本本陣に泊まった時に袈裟をかけた伝説が残る。樹齢800年以上、樹高約30m

3 山中浅間神社

所跡を通過後、日蓮上人御一泊霊地跡に立ち寄ろう。日蓮上人ゆかりの袈裟がけの銀杏を経て、明神前交差点からはにぎやかな山中湖畔となる。

湖畔道路には富士講の人々が山中湖に鯉を放流した史実を今に伝える鯉奉納の碑や、山中諏訪神社の氏子総代たちによって守られている白竜の松がある。２頭の竜のように見えるこの松は、山中諏訪神社の安産祭りに、明神山奥宮から神社に向かって豊玉姫命が２頭の竜に導かれるという古事に由来する。

わずか５００ｍほどの距離に、山中湖の歴史文化を守り続ける住民の愛郷心が満ちあふれる街道は、構成資産・山中湖と富士山とのつながりも感じられるエリアだ。

4 袈裟がけの銀杏

▼山中口留番所趾。籠坂峠を越えて甲斐、相模、駿河を結んだかつての「塩入れ道」の出入りを取り締まった番所の名残。江戸時代の関門の敷石や沓石などが今も残る

#07 山中湖花の都公園→冨士浅間神社

6 構成資産 山中湖

寄り道 SPOT

遊覧船・白鳥の湖でクルージング
山中湖遊覧船

☎ 0555・62・0130（富士汽船）
山梨県山中湖村平野506-1
9:30～16:15（季節により変動あり）
無休

「白鳥の湖」号で1周約25分の湖上の旅はいかが? 2012年にリニューアルし内装にはナラ材を採用。温かみのあるデザインに一新した。待合室も2014年に改装し、2階には眺望デッキも備えている。

自社農場の肉使ったコロッケ絶品
丸一高村本店

☎ 0555・62・1129
山梨県山中湖村山中708
9:00～18:30　月曜定休

富士河口湖町に自社農場を構え、「富士ヶ嶺ポーク」を生産。この肉を使ったコロッケやメンチカツが絶品。国際食肉コンテスト「ズーファ」で金賞を受賞した粗挽きウインナー、スモークハムなども人気。

❺ 山中諏訪神社の竜の伝説にちなんだ白竜の松

❻ 山中湖の面積は約6.5平方㎞で富士五湖で最大。水面標高980.5mは全国3位。湖岸に砂浜が多く広々とした展望が楽しめる。富士山に一番近い湖なので水面に映る逆さ富士は圧巻。夕日と富士山頂が重なる「逆ダイヤモンド富士」も人気

5 白竜の松

▲マリモの生息碑。1956年に山中湖で発見されたフジマリモは「世界の生息地の南限」といわれ、植物分布学上、学術資料として貴重

東京大学の演習林

▲鯉奉納の碑

マリモの生息碑、観光船乗り場などを経由し、旧ゲームセンターの角を右に曲がって露地を左折するとやや広い通りに出る。この通りは通称「馬車道通り」と呼ばれ、かつては中世の古道・鎌倉往還の宿場。明治30年代から昭和10年代まではレールが敷かれ、一頭の馬が引く馬車鉄道道路であった。

樹木に覆われた住宅地を進み、山中湖村役場の北を通って再び国道138号に出て右折する。ここからは山中湖のにぎわいから離れ、歩行者が少なくなる。国道138号が背の高い樹木に囲まれ、山中湖

8 籠坂峠

7 加古坂神社

▲▶道の駅すばしりは足湯（無料）やテラスから富士山を望む「ふじやま食堂」が人気

❼加古坂神社。「永久の変」の謀議で捕われの身となり甲斐武田五郎信光に鎌倉護送の途中で斬首された藤原光親（葉室光親）を祀る

❽山梨と静岡の県境にある籠坂峠。標高が1000m以上あるため濃霧に覆われることが多い

❾冨士浅間神社（須走浅間神社）は須走口登山道の起点。構成資産の一つとして世界文化遺産に登録された。かつては多くの修験者がここから富士登山をした

9 冨士浅間神社 構成資産

の南湖畔を周遊するように延びている。東京大学山中寮の前を通り、ゴルフ場入り口バス停を右折して茶屋の段通りを通って籠坂峠を目指そう。

この周辺は東京大学の富士演習林（樹木園）で、木々の緑が気持ちのいい一帯である。寒気性の植物研究のための多くの樹種が生育している。

緑の中を通り、住宅会社の大きな看板を目印に左折し、分譲地の中を50ｍほど進む。交差点を左折すれば、広い道に出る。保養所や別荘が点在する中を緩いカーブに沿って進もう。加古坂神社の石碑を経て国道１３８号に合流し、右折すれば、その先が籠坂峠だ。

なだらかなカーブを描きながら峠をグングンと下る。途中に県境を示す大きな案内板がある。ここからが静岡県小山町である。眼下に小山町、前方には大迫力の富士山が見える。道路沿いにはゴルフ場や温泉、無料の足湯やレストランがある道の駅すばしりなどが点在する。大きな歩道橋と、須走口登山道を示す大きな表示板や石碑。ここが富士山東麓地域の信仰登山に大きな影響を与えた、ゴール地点の冨士浅間神社だ。

なお、籠坂峠から冨士浅間神社間は大型車の交通量が多く危険なため、車での移動が望ましい。

ACCESS & DATA

交通アクセス

●山中湖花の都公園
バスの場合／富士山駅から周遊バスで25分
マイカーの場合／東富士五湖道路山中湖ICから5分
●冨士浅間神社（須走浅間神社）
バスの場合／御殿場駅から富士急バスで22分
マイカーの場合／東名御殿場ICから25分。中央道河口湖ICから30分

湯どころ

●山中湖温泉 紅富士の湯
山梨県山中湖村山中865-776
☎0555-20-2700
●須走温泉 天恵
静岡県小山町須走112-171
☎0550-75-2681

問い合わせ

●山中湖観光協会
☎0555-62-3100

#07 山中湖花の都公園 ➔ 冨士浅間神社

山中湖花の都公園 花カレンダー

富士山に最も近い"花の楽園"が山中湖花の都公園。30万平方mの園内には、四季を通じてさまざまな花が咲き誇る。

- チューリップ…4月下旬～5月中旬
- キカラシ…6月中旬～6月下旬
- ポピー…6月下旬～7月中旬
- 百日草…7月中旬～10月中旬
- ヒマワリ…8月中旬～8月下旬
- コスモス…9月上旬～10月中旬

※植栽する花は年により変更する場合あり

アドバイス

コース上には、住宅地内の狭い道路があり迷いやすい。目印になる道標、案内板を見落としやすいので注意しよう。交通量の多い通りもあるため、車には十分な注意が必要。

花・樹木

- 山中湖明神前信号付近／ソメイヨシノ4月下旬
- 東京大学演習林周辺／新緑5月下旬～6月下旬

富士の雪形

山肌に現れる楽しい形

【雪形豆知識】

「雪形」という言葉は昭和40年代に広まったといわれているが"富士山の雪の形"は、平安時代の伊勢物語にすでに登場している。富士河口湖町出身の小説家・中村星湖は、昭和33年発行の「富士巡り」に「うら富士の残雪」を寄稿し、「農鳥」をはじめ、「帰る雁」「天狗面」「火炎仏」などの形を紹介している。

撮影：大宮 仁さん

自身のホームページ「富士みずほ通信」で5年ほど前から富士山の雪形を公開している。「15年以上、富士山の写真を撮り続けてきたので、おのずと雪形も集まりました。雲の形を見て動物やソフトクリームを想像するのと同じように、雪形は人それぞれの感性によって形容されるもの。多くの方が想像の翼を広げ、思い思いの名前を付けて楽しんでもらいたい」と話す。

四季折々に美しい表情を見せる富士山。特に冠雪した姿は、昔から見る者を魅了し、浮世絵などの「芸術の源泉」にもなってきた。立春を過ぎた頃から初夏にかけて、トレイルしながら山肌に目を向けてみよう。5合目以高には、さまざまな「形」が浮かび上がってくる。これは「雪形（ゆきがた）」と呼ばれるもので、鳥や馬、竜などの形に見えるものもあって面白い。"富士山ウオッチャー"として雪形を撮影し続けている山梨県鳴沢村在住の大宮仁さんが巡り合った自然の造形美を紹介する。

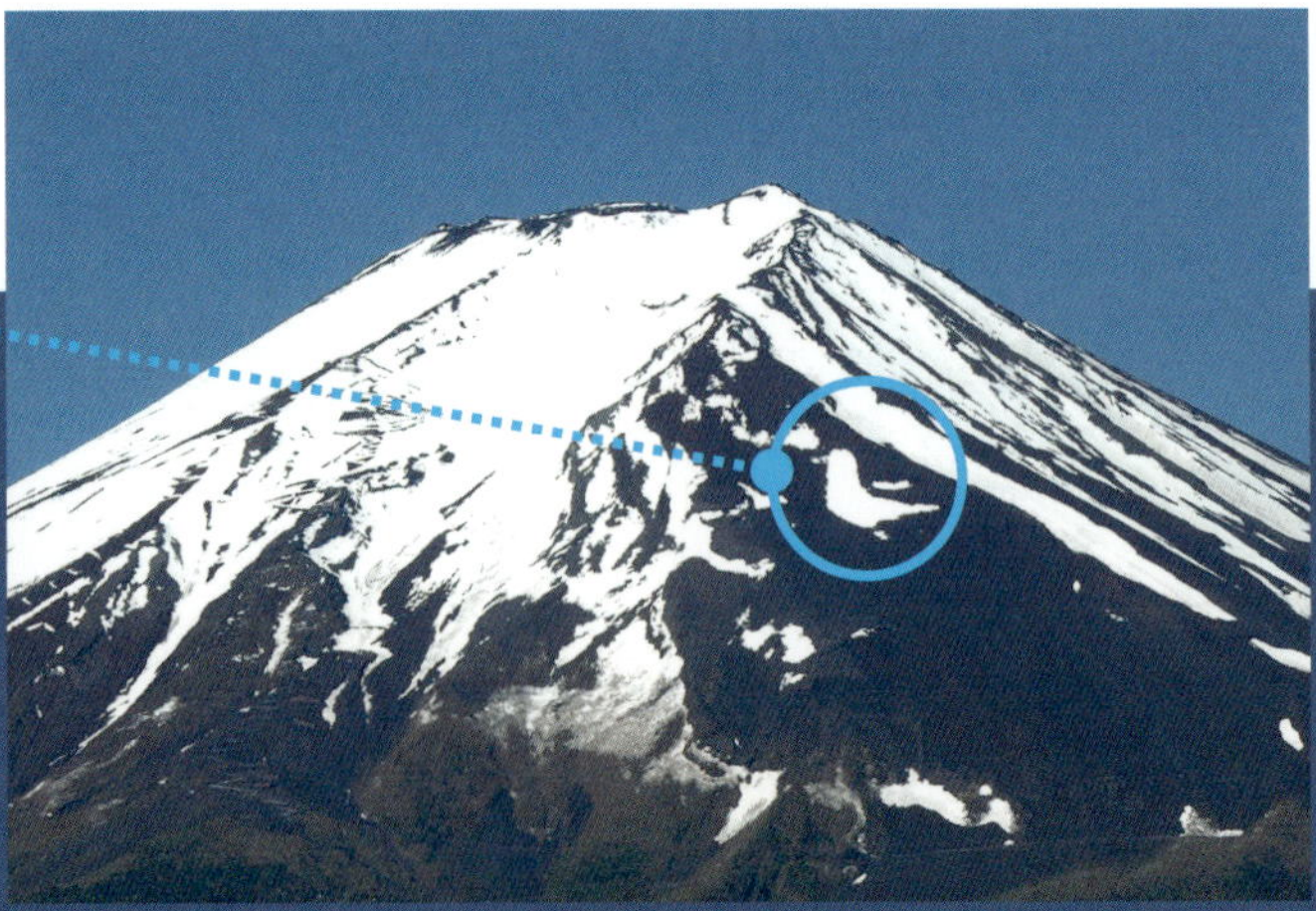

見頃 6月

農鳥

撮影地：富士吉田市

8合目付近に出現する、富士の雪形の代表格。昔は農鳥の出現が農作業を始める目安で、「農業の鳥」を縮めて「のうどり」と呼ばれるようになったと伝えられている。山梨では季節の風物として親しまれている形。くっきりと見えるのは、雨上がりの翌日の晴れた朝方。

見頃 1〜2月

鳳凰

撮影地：富士吉田市

雪が深い真冬によく現れる形。真冬の富士山は強風にさらされ、降り積もった雪が吹き飛ばされる。すると、露出した地肌と沢の残雪によって、さまざまな模様がつくり出される。そこに現れるのが「鳳凰」。「鳳凰」はやがて「農鳥」に変化していく。

見頃
6月

白馬

撮影地：富士吉田市

「白馬」は「農鳥」と同じ場所で、「農鳥」が現れる少し前に現れる。その年によって雪の解け具合が異なるので、馬ではなく牛のように見えるときもある。

見頃
5〜6月

ひよこ

撮影地：富士吉田市

「ひよこ」は「農鳥」と同じ場所で、「農鳥」の後に現れる。「ひよこ」が現れる頃は、残雪の模様も多彩になり、いろいろな雪形が出現する。とりわけ「ひよこ」の周りだけはくっきりとした地肌が広がる。

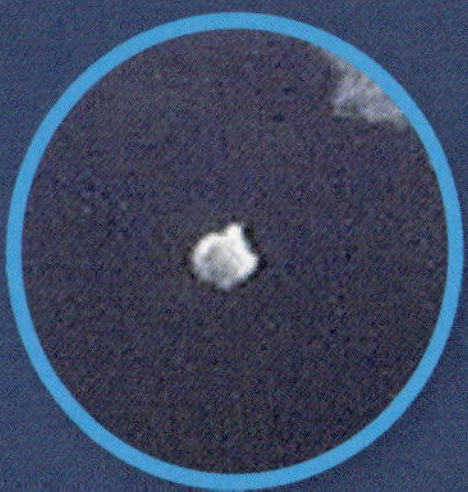

見頃
6月

たまご

撮影地：富士河口湖町

「たまご」は「ひよこ」が消えた後に現れる。「たまご」が見える頃の山腹は地肌がほぼ露出し、富士はすっかり夏山の装い。7月の山開きに向けて準備が本格化する。同じ地点で「鳳凰」から始まり、「白馬」「農鳥」「ひよこ」「たまご」の順で雪形が変化する。

富士の雪形

山肌に現れる楽しい形

登り竜

見頃 6月

撮影地：河口湖畔

「登り竜」は富士河口湖町から見た富士山に現れる雪形。竜が山頂に向かって登っていくように見えるこの雪形は古くから知られている。また、富士山周辺には竜にまつわる伝承もいくつか残されている。

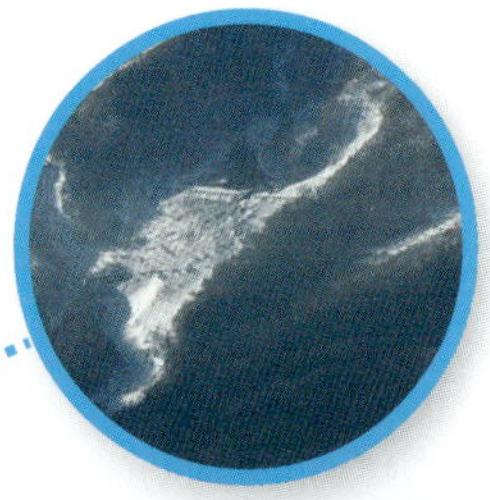

恐竜

見頃 1月

撮影地：富士河口湖町

雪が麓まで降ると、森林限界（標高が高くなり、森林がなくなる地点）以高が真っ白になり、下は樹木に隠れて黒く見える。そんな深い雪の時期に5合目付近に姿を現すのが「恐竜」。シャープに見えるのは朝方だ。

舞鶴

見頃 5〜6月

撮影地：富士吉田市

鶴が羽を広げた姿に見える「舞鶴」は、富士山によく似合う雪形だ。富士山吉田口登山道と須走口登山道が合流する8合目付近に現れる。他のポイントにも現れるというが、この場所の「舞鶴」が最も美しいという地元住民が多い。

見頃 5〜6月

農爺《のうじい》

撮影地：鳴沢村

鳴沢村から見た富士山北面に現れる。鍬を手に畑を耕している形に似ていることが命名の由来。同村に古くから言い伝えられていたとされ、「農鳥」に匹敵するくっきりとした雪形。

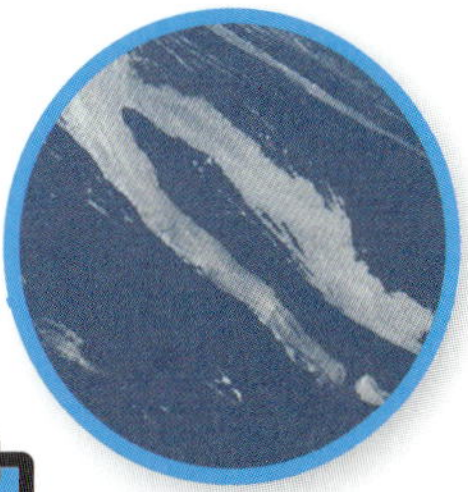

見頃 6月

かんのんさま

撮影地：鳴沢村

雪形の多くが残雪の白が形づくるポジタイプなのに対して、「かんのんさま」は残雪に囲まれた地肌がつくるネガタイプなのが特徴。鳴沢村から見た富士山北面の右側に出現する。ビューポイントは「道の駅なるさわ」裏側。

見頃 4〜5月

鹿の子まだら

撮影地：富士河口湖町

個別の雪形のことをさすのではなく、富士山全体の解けかけた残雪の模様が、小鹿の背の斑点模様に似ていることを形容したもの。古くは平安時代の伊勢物語で「鹿の子まだらに雪の降るらん」と詠まれている。

GURURI FUJISAN TRAIL
#08
小山町
御殿場市

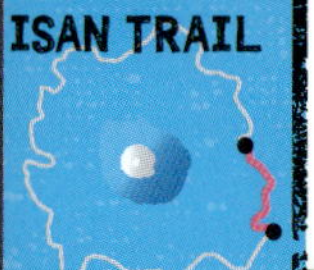

歩行時間	3時間40分
歩行距離	10.9km
標高差	最高地点：814m 最低地点：590m

富士浅間神社 ← 富士山樹空の森

駿河と甲斐を結ぶ要衝から富士山テーマパークまで

取材・文／高橋秀樹

富士浅間神社
1
構成資産

①富士浅間神社 ←140分 ②桜公園 ←20分 ③川柳浅間神社 ←60分 ④富士山樹空の森

Start

古来、冨士浅間神社は須走口登山道の起点となっている神社だ。東口本宮冨士浅間神社、須走浅間神社とも呼ばれる。

延暦21（802）年に、富士山東側が噴火し、とくに御殿場地方の被害が大きかった。そうした惨状に対し、ときの国司、郡司が鎮火祈願のために須走の地で祭事を行った。延暦の噴火は、その年には収まったため、大同2（807）年に鎮火祭の跡地に社殿を造営したと伝えられる。それが冨士浅間神社の由来だ。

江戸時代に「江戸八百八町

◀ 参道を振り返ると鎮守の森の背後に富士山

▶ 鳥居の脇に落ちる「信しげの滝」。名前の由来は不詳だという

▼ 富士講の石碑。富士山の登拝記念に建立されたものだ

▼ 長寿亀石。神社には自然石を神様の拠り所とするものが多い

富士浅間神社の随神門。両脇には例大祭で担がれる富士山神輿が二基納められている

に八百八講」とまで流布され、関東一円でブームになった富士講と、この神社の関係は深い。当時、富士山に登拝する道者（信者）は山梨県側の吉田口（北口）から登り、須走口（東口）へと下山することが多かったという。そのため、登拝記念の石碑が数多く残されている。

　うっそうとして霊気漂う鎮守の森に佇む社殿に参拝し、踵を返して大鳥居をくぐる。そのすぐ脇に「信しげの滝」が落ちている。小さいながら豊かな水量だ。富士山の湧水だろうか。大鳥居の前からなだらかな下り坂になっており門前の家並みが続いている。しばらくは、参道でもある県道151号を歩く。

　県道151号から南に折れて、国道138号に移る。北に向かえば籠坂峠を越えて山中湖にいたる。箱根裏街道とも呼ばれる。この街道を南東に御殿場方面に向かって進む。行楽シーズンともなると観光バスや観光客の車で渋滞する道路だが、歩道が整備されていて安心だ。富士浅間神社から1時間30分余りで水土野交差点にさしかかる。この信号を南に折れて、水土野交差点から50分弱で桜公園に着く。この公園は、その名前の通り、春には桜が美しい都市型公園で、もってこいの休憩場所だ。

　桜公園から道なりに下り、川柳の浅間神社を目指す。桜公園から川柳までの道程は迷いやすいので、地図を確認しながら歩きたい。川柳の集落に着き、川柳浅間神社に参拝。境内の真ん中に二股に分かれたスギの巨木が立っている。樹齢500年といわれる「川柳の扶桑樹」である。

桜公園

2

❷ 桜公園には空中水平回廊や花のうずまき山、ローラー滑り台などがあり家族連れに人気。春は桜の名所となる

#08 富士浅間神社 → 富士山樹空の森

川柳集落を下ると信号機があり、県道１５５号にぶつかる。ここを南に折れて進む。この沿線には陸上自衛隊の駐屯地が点在している。各駐屯地を結ぶ路線といった色合いが強い。実際、第二次世界大戦までは軍用道路だった。

途中に「御胎内温泉健康センター」の案内板が出てくる。これにしたがって県道１５５号から脇道を上っていくと、御胎内温泉に隣接しているゴールの富士山樹空の森だ。この施設は、自然の中で遊んで学べる富士山のテーマパークで、ビジターセンター内にある富士山天空シアターでは、展示や映像で富士山の成り立ちや歴史などを学ぶことができる。

富士山樹空の森から10分ほど歩いたところには、御胎内清宏園がある。宝永４（１７０７）年の大噴火で埋まった溶岩台地の上に木々が生い茂った自然の森だ。富士山から流れ出した溶岩が冷えて固まるときに空洞になった溶岩洞窟が点在しており、なかでも洞窟を胎内に見立てた「印野の溶岩隧道・御胎内」は、国指定の天然記念物だ。

3 川柳浅間神社の扶桑樹

4 富士山樹空の森

▲御胎内清宏園の安産夫婦岩。2対の溶岩を夫婦に見立てたものだ

▼印野の溶岩隧道は、1周68m以上ある溶岩樹型の洞窟。懐中電灯を持って中を歩くことができる。乳房状の溶岩鍾乳や肋骨状の溶岩など人体内部に似ているため御胎内と名が付いた

❸川柳浅間神社の扶桑樹。2本のスギの根元が癒着している。推定樹齢500年

❹富士山樹空の森には御殿場の地場産品やお土産を買えるコーナーもある

寄り道 SPOT

疲れを癒やす極太うどんと足湯
道の駅すばしり

☎0550・75・6363
静岡県駿東郡小山町須走338-44
9:00~20:00（冬期~18:00）無休

富士山が目前にそびえ、無料足湯コーナーが人気。小山町産ごてんばコシヒカリを使った「富士山ごうりきうどん」（かけうどん 520円~）は太麺でもちもちした食感がたまらない。「おにぎり」160円もぜひ味わって。同じくごてんばコシヒカリ使用の「おこめサブレ」などお土産も充実。

ACCESS & DATA

交通アクセス

●冨士浅間神社（須走浅間神社）
バスの場合／御殿場駅から富士急バスで22分。マイカーの場合／東名御殿場ICから25分、中央道河口湖ICから30分
●富士山樹空の森
バスの場合／御殿場駅から富士急バスで20分。マイカーの場合／東名裾野ICから25分、御殿場プレミアムアウトレットから30分

湯どころ

●須走温泉 天恵
静岡県駿東郡小山町須走112-171
☎0550-75-2681
●御胎内温泉健康センター
静岡県御殿場市印野1380-25
☎0550-88-4126

問い合わせ

●小山町観光案内所／☎0550-76-5000
●御殿場市観光協会／☎0550-83-4770

水土野交差点すぐ近くの神社

川柳浅間神社

アドバイス

門前町通りの県道150号を歩きJA御殿場須走支店の近くのT字路を右折して道なりに進むと国道138号に出る。桜公園から県道155号までの道筋がやや分かりにくいので地図を確認しながら進む。

花・樹木

- 富士浅間神社／エゾヤマザクラ4月中旬～下旬、紅葉11月中旬～下旬
- 桜公園／ソメイヨシノ4月上旬～中旬
- 富士山樹空の森／フジザクラ4月中旬～下旬、サンショウバラ6月～8月

御殿場市
裾野市

歩行時間	4時間
歩行距離	12km
標高差	最高地点：1000m 最低地点：512m

富士山樹空の森←十里木パーキングエリア

大野原から富士山を眺め十里木の森へ

取材・文／高橋秀樹

❶富士山樹空の森 ←50分 ❷板妻バス停 ←10分（バス移動） ❸田向入口バス停 ←15分 ❹須山浅間神社 ←90分 ❺忠ちゃん牧場 ←85分 ❻十里木パーキングエリア

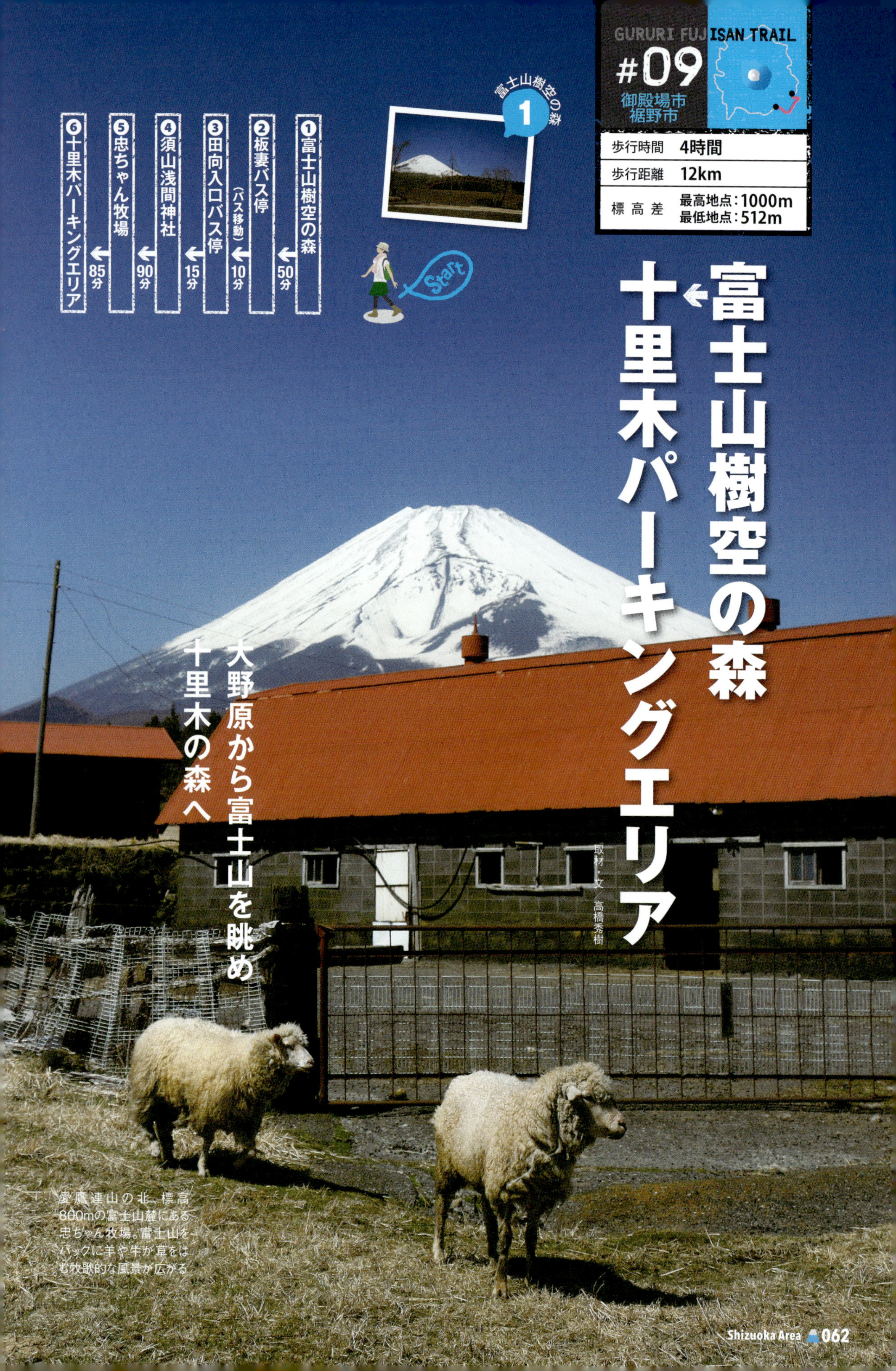

愛鷹連山の北、標高800mの富士山麓にある忠ちゃん牧場。富士山をバックに羊や牛が草をはむ牧歌的な風景が広がる

構成資産

4 須山浅間神社

2~3 バス移動区間

❷❸板妻バス停から田向入口バス停までの区間は広々とした舗装道が続く。自衛隊の車も多く見かける

❹須山口に鎮座する須山浅間神社。古くは「珠山」と称したという

富士山樹空の森を出発。県道１５７号を横断し、道なりに下って行くと40～50分ほどで国道４６９号の板妻交差点に出る。コースは板妻交差点を右に折れ、国道を裾野市須山方面に進む。

ただ、歩道がほとんどなく、大型車の交通量も多い。次の目的地である須山浅間神社近くまではバス移動をお勧めする。板妻交差点のすぐ側に十里木方面行きのバス停がある。須山浅間神社の最寄りの田向入口バス停までは10分ほどだが、運行本数が1日数本しかないので気をつけたい。

板妻バス停から、しばらく進むと視界が開け、道路の両側にはススキが原が広がる。大野原と呼ばれるところで、いまは陸上自衛隊の東富士演習場になっている。ススキが原の向こうに富士山が無言ですっくと立っている。

田向入口バス停近くに、構成資産のひとつである須山浅間神社の道標がある。それに従ってしばらく進むとこんもりとした鎮守の森が見えてくる。

須山浅間神社は須山口登山道の起点で「南口」とも呼ばれる。社伝によると12代景行天皇の時代（１１０年）に日本武尊が東征の折に建立されたとあるが、遅くとも室町時代の大永４（１５２４）年には存在したことが棟札で確認されている。

登山口としての始まりは大同３（８０８）年といわれ、「富士講」が盛んになる江戸時代には富士詣での道者が少なくなかった。しかし、宝永４（１７０７）年の大噴火で登山道の一部が崩壊。その後、安永９（１７８０）年に登山道が完全復旧し、寛政12（１８００）年には５０００人以上の登山者があったという記録が残る。

須山浅間神社前の道の「須山口登山歩道」の道標にしたがって進む。どこか懐かしい民家の佇まいを縫うように上っていく。「富士講」が盛んだった江戸時代には須山口登山道も富士登拝の道者で賑わった。須山地区には、道者のための宿を提供し、神職も兼ねた御師の家が12軒あったという。

明治22（１８８９）年に御殿

場経由の東海道線開業をきっかけに御殿場口登山道が開通し、登山道の一部が旧陸軍の演習場になって通行できなくなったことから、須山口登山道は急速に衰退していった。

　廃道状態だった須山口登山道だったが地元の有志などが中心となって平成9年から11年にかけて須山浅間神社から宝永第1火口までの登山道を整備。今は富士宮口登山道と合流して山頂まで登れるようになっている。

　須山口登山歩道を進むと、神社や野仏があったりして古道の面影がある。しばらくはのどかな舗装路歩きだが、やがて登山歩道は植林地帯の土道に変わる。道標がしっかりしているのでまず迷うことはない。須山浅間神社から1時間30分ほど上っていくと、忠ちゃん牧場にたどり着く。ここも大野原の一角をなしており、富士山の眺めがいい。牛や羊が放牧され、牧歌的な風景だ。

　ここから登山歩道を15分ほど進むと裾野市立富士山資料館がある。富士山に関する展示が充

古道の面影を残す須山口登山歩道

▲「須山口登山歩道を歩く人が最近増えたから、水仙の花を植えているんですよ」と笑顔で話してくれた地元の女性

忠ちゃん牧場 5

5 忠ちゃん牧場からの富士山。牧場ではソフトクリームやジンギスカン料理が味わえる

◀ 須山集落。路地からひょいと富士山が顔を覗かせる

寄り道 SPOT

富士山をより深く学びたいなら

富士山資料館

☎ 055・998・1325
静岡県裾野市須山2255-39
9:00～16:30　月曜定休（祝日の場合は翌日）

富士山周辺の動植物、富士山の成り立ち、富士山信仰などに関する資料を展示。併設の郷土資料館では地元住民の暮らしぶりを物語る農具や民具の展示も。入館料は大人210円、子ども（小中学生）100円。

おいしい玉子やプリンはいかが

さくら玉子 杉山養鶏場

☎ 0550・87・1727
静岡県御殿場市二子84-1-1
8:30～18:00　無休

国内で育種改良された純国産鶏ゴトウさくらが産む玉子を販売する養鶏場兼直売所。濃厚で甘みがあると料理人やパティシエも注目する「さくら玉子」は富士の伏流水と独自の餌がおいしさの秘密。温泉玉子やプリン、シフォンケーキなどの加工品も人気。

シュークリーム
1個167円

▲ 富士山資料館。富士山と須山口登山道の歴史に関する展示コーナーには貴重な資料も

◀ 十里木別荘地内にある十里木八幡宮。元来、武運の神様である。地元では氏神として親しまれている

▼ 頼朝の井戸。頼朝が祀ったお椀が浮かび上がると災いが起こるという伝説がある。湿地帯で、昔はあちこちに泉があったという

◀ 十里木氷穴。約1200年前の十里木丸尾溶岩流によってできた溶岩洞窟

実しているので、時間があれば立ち寄りをおすすめする。

沼津に移住し、その生涯を終えた若山牧水も、大野原で遊んでいる。「富士裾野の三日」という紀行文をつづり〈なびき寄る雲のすがたのやはらかきけふ富士が嶺のゆふまぐれかな〉などの短歌を残している。

富士山資料館から須山口登山歩道と分かれ、十里木高原別荘地のバス通りを進み、十里木一丁目バス停を左折。20分ほど歩くと十里木五丁目バス停がある。近くに「十里木氷穴」の道標がある。それに従って進むと、テニスコートの裏手に十里木氷穴があり、5月中旬頃まで氷筍が見られる。コースから少し外れるが五丁目バス停から往復で30分ほどだ。

十里木別荘地内のバス通りを下って行くと赤い鳥居の八幡神社があり、さらに進むと国道４６９号に出る。国道を少し進むと「頼朝の井戸」がある。鎌倉幕府第1代将軍・源頼朝が富士山の裾野で大規模な巻狩りを行ったときにここで水を飲み、朱のお椀を水神に祀ったと伝えられる。

国道沿いにある十里木バス停を過ぎた辺りに「十里木関所跡」の石碑が建っている。かつて十里木街道（箱根〜富士宮）と呼ばれ、駿河、甲斐、相模を結ぶ交通路だった。関所跡の石碑を過ぎるとゴールの十里木パーキングエリアはすぐだ。

ACCESS & DATA

交通アクセス

●富士山樹空の森
バスの場合／御殿場駅から富士急バスで20分
マイカーの場合／東名裾野ICから25分、御殿場プレミアムアウトレットから30分
●十里木パーキングエリア
バスの場合／JR御殿場駅から富士急バスで43分（徒歩15分）
マイカーの場合／東名裾野ICから17分、富士ICから10分

湯どころ

●御胎内温泉健康センター
静岡県御殿場市印野1380-25
☎0550-88-4126
●富士遊湯の郷 大野路
静岡県裾野市須山2934-3
☎055-998-1616

問い合わせ

●御殿場市観光協会
☎0550-83-4770
●裾野市観光協会
☎055-992-5005

#09 富士山樹空の森→十里木パーキングエリア

光真寺／富士宮市村山の村山修験道者の巡礼地であった光真寺には市指定文化財の観音菩薩像33体の石仏群などがある

板妻の交差点

アドバイス

板妻バス停から田向入口バス停区間はバス利用のコース設定。板妻周辺は交通量が多いので注意。十里木別荘地内は基本的にはバス通りを歩くが、道路が網の目のように走っており、コースを外れると迷いやすい。地図をよく確認しながら歩こう。

花・樹木

- 御胎内清宏園／ソメイヨシノ・フジザクラ4月中旬～下旬、ツツジ5月中旬～下旬、紅葉10月下旬～11月下旬
- 大野原／ススキ9月下旬～11月上旬
- 十里木高原／紅葉10月上旬～11月上旬

ぐるり富士山まめ知識

若山牧水と大野原

旅と自然と酒を愛した若山牧水が沼津に移り住んだのが大正9（1920）年8月のことである。そして10月には富士山に出会う旅をしている。御殿場から裾野の大野原、富士の根方までの3日間の歩き旅だ。

牧水がたどった道はおそらく十里木街道（国道469号）だろう。現在、陸上自衛隊東富士演習場になっている広大な大野原を眺め『富士裾野の三日』という紀行文といくつもの短歌を残している。

大野原の10月は一面のススキが原が銀色に輝き始める。その向こうにすっと富士山が立っている。牧水の短歌を借りるとこうだ。＜富士が嶺や麓に来りあふぐ時いよよ親しき山にぞありける＞、＜富士が嶺の裾野の原のまひろきは言（こと）に出しかねつただに行き行く＞。

牧水が眺めた大野原の風景はおそらく今とさほど変わらないと思われる。戦前から一般人の立入りが出来なかったからだ。

左）大野原から見える富士山
右）裾野市の富士山資料館にある牧水の歌碑

GURURI FUJISAN TRAIL

#10

裾野市〜富士宮市

歩行時間	5時間10分
歩行距離	15.5km
標高差	最高地点：960m 最低地点：500m

十里木パーキングエリア ← 村山浅間神社

かつての十里木街道を下り勢子辻から村山へ

取材・文／高橋秀樹

①十里木パーキングエリア ← 20分 ← ②富士山こどもの国 ← 150分 ← ③山神社 ← 140分 ← ④村山浅間神社

十里木パーキングエリアがスタート地点だが、公共交通機関の場合、富士急行の十里木バス停が最寄りになる。ただ運行本数が多くないので事前によく下調べしておきたい。富士サファリパークまでのバス便もあるので、そこで下車し、十里木パーキングエリアまで15分くらい歩くのも手かもしれない。

十里木パーキングエリアのトイレの近くから木の階段が愛鷹山の越前岳に向かって整備さ

十里木パーキングエリア 1

富士山こどもの国 2

▶国府犀東の漢詩の碑。富士山を仰いだ感想が七言絶句に残されている

❷富士山こどもの国。4月には富士山周辺の固有種のマメザクラ（フジザクラ）が1200本以上咲き、端午の節句の頃には、たくさんの鯉のぼりが大空を舞う

高尾山穂見神社。養蚕の神様でもある

▲「右大みやみち、左大ぶちみち」と記された道標

相模と駿河を結ぶ 山越えの交通の要衝

れている。この階段を15～20分ほど登っていくと十里木高原展望台がある。北側に富士山、南アルプスなどが見渡せる展望台なので、時間があれば寄り道をおすすめする。

展望台からススキが原を下ってくるとポツンと詩碑がある。戦前、宮内庁御用掛の漢詩人であった国府犀東の漢詩が刻まれている。昭和10（1935）年、名勝地調査のために越前岳に登ったときに詠んだ漢詩だ。

十里木パーキングエリアを後にして、かつて十里木街道と呼ばれた国道469号を進む。そもそも十里木という地名は御殿場から五里、富士宮から五里、合わせて十里が由来である。足柄峠を越える古い街道で、相模と駿河を結ぶ重要な街道であり、関所も設けられていた。十里木は標高900～1100mほどの高原であり、冬期には積雪もある寒冷地だ。十里木越えは難所であったに違いない。

国道469号を勢子辻を目指して下っていく。道路は曲がりくねって、その上、交通量も少なくない。専用の歩道もないので気をつけて歩こう。勢子辻までの道中に富士山こどもの国がある。ここからの富士山の眺めもいい。

十里木パーキングエリアから1時間ほど下ると勢子辻があり、右手に折れ国道469号を富士宮方面へと進む。しばらくすると路肩に古い道標が立っていた。「右大みやみち、左大ぶちみち」と読み取れる。「大みや」とはいまの富士宮、「大ぶち」は富士市大渕である。古い街道の名残りだろう。

さらに進むと右手に建つ赤い鳥居が目にとまる。高尾山穂見神社とある。明治時代、富士市

十里木高原展望台からの眺め。標高約960m地点にあり南アルプスや愛鷹山連峰などが見渡せる

#10 十里木パーキングエリア → 村山浅間神社

3 山神社

大渕の戸長（村長）が、いまの山梨県南アルプス市高尾の穂見神社を勧進したことが始まりと伝えられている。明治以降、露店が軒を並べ、草競馬が催された時期もあるらしいが、いまは森閑としている。

勢子辻から吉原富士本西町までは人家のない1時間50分ほどの単調な道だ。時々、山の端から顔を見せる富士山が慰めである。吉原富士本西町の山神社に参詣し、県道との分岐をそのまま国道469号を進む。ここから先がゴールである村山浅間神社まで2時間以上の長丁場だ。駿河湾が見える村山ジャンボまで来たらゴールは間近だ。

❸ 吉原富士本西町の山神社。地元で大切にされているらしくよく手入れされている

❹ ゴール地点の村山浅間神社。一際目を引く県天然記念物指定の杉の巨木は御神木で、樹高47m、推定樹齢千年とも言われる

4 村山浅間神社

構成資産

Goal

寄り道 SPOT

歯応えのある石臼挽きそば
蕎麦どあひ

☎ 0544・23・5023
静岡県富士宮市粟倉2735-58
11：00～15：00LO※蕎麦が終わり次第閉店
火・水曜定休

長野県などから仕入れる玄蕎麦を丁寧に製粉して店主が打つ石臼挽きの「もりそば」900円は、歯応えがあり香りも強め。素朴な味を求め固定ファンが通う店だ。豆乳を使った「そば豆腐」300円やそばがき入りの「おしるこ」400円も人気。

1度食べるとやみつきのかき氷
雲上かき氷 /UNJYO COFFEE

☎ 0544・58・7898
静岡県富士宮市山宮3362-1
10：00～18：00（冬期は～17：30）
日・火曜午前休み

地下180mから汲んだバナジウム天然水「雲上水」を使ったコーヒーとかき氷（写真は「いちごやさんの苺練乳」750円）。直径20cmもあるかき氷はすべて自家製シロップ。氷がふわふわで完食必至。こだわりのハンドドリップコーヒーもぜひ。

ACCESS & DATA

交通アクセス

●十里木パーキングエリア
バスの場合／御殿場駅から富士急バスで43分（徒歩15分）
マイカーの場合／東名裾野ICから17分、富士ICから10分
●村山浅間神社
バスの場合／富士宮駅から富士急バスで9分（徒歩60分）
マイカーの場合／富士宮駅から20分

湯どころ

●ヘルシーパーク裾野
静岡県裾野市須山3408
☎055-965-1126
●富士山天母の湯
静岡県富士宮市山宮3670-1
☎0544-58-8851

問い合わせ

●裾野市観光協会
☎055-992-5005
●富士宮市観光協会
☎0544-27-5240

村山浅間神社／境内には大日如来を祀る大日堂と本殿が並び、神仏習合時代の特徴を今に伝えている

村山ジャンボ／野球、サッカーなどのグラウンドがあり各種スポーツ合宿などで利用される施設

富士山こどもの国

十里木パーキングエリア

国道469号の様子

アドバイス

1月～2月の厳冬期には積雪や路面凍結もある。十里木から勢子辻までの区間は下りで楽だがカーブも多く、車の往来には十分気をつけて歩きたい。勢子辻から村山浅間神社の区間は緩やかな下り。

花・樹木

- 十里木高原／フジアザミ8月下旬～10月、ススキ9月下旬～11月下旬
- 富士山こどもの国／草原の国の山野草4月～11月

GURURI FUJISAN TRAIL

#11

富士宮市

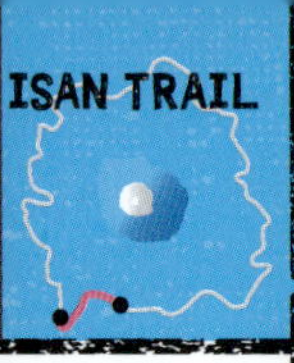

歩行時間	2時間55分
歩行距離	8.9km
標高差	最高地点：500m 最低地点：130m

村山浅間神社 ← 富士山本宮浅間大社

神仏習合の面影を残す神社から富士山信仰の歴史をたどる

取材・文／高橋秀樹

富士山を信仰する約1300もある浅間神社の中で最も古いとされる山宮浅間神社。遥拝所から見える富士山

1 村山浅間神社
← 45分
2 富士山環境交流プラザ
← 15分
3 山宮浅間神社
← 115分
4 富士山本宮浅間大社

村山浅間神社は、富士山南麓の標高500mほどに位置する。構成遺産となった富士山周辺の浅間神社のなかでは、神と仏が仲良く同居した神仏習合の名残をもっとも色濃くとどめる神社だ。明治の頃まで、村山登山道の起点となった神社でもある。

大宝元（701）年、大和時代に現在の地に鎮座されたと伝えられる。さらに平安時代、駿河国生まれの末代上人（富士上人）という修験道の僧が富士山に登頂し山頂に大日寺を建立。末代上人の流れをくむ修験僧が境内に大日如来を祀って以来、「富士（村山）修験道」の聖地として発展してきた。

江戸末期の英国領事館の全権公使ラザフォード・オールコックが外国人として初めて富士山に登頂したのも、この村山口であ

❶ 村山浅間神社の境内には往時を忍ばせる水垢離場や護摩壇が残り、富士山の開山・閉山式では修験者による護摩供が復活している。同じ富士信仰でも富士講で賑わった神社とは違った趣がある

❷ 富士山環境交流プラザ。展望テラスや情報カウンターがあり、中庭から富士山が見える

Start

1 村山浅間神社 構成資産

富士山村山口古道

2 富士山環境交流プラザ

3 山宮浅間神社 構成資産

富士山信仰の原初の風景を色濃く残す山宮浅間神社

る。万延元（1860）年9月、オールコック一行は、東海道の吉原宿から村山に入って宿坊に泊まり、案内役の山伏3人と数人の強力とともに登頂している。

村山浅間神社を出発し、村山集落の生活道路を西に進む。畑が広がり、北側に目をやると富士山が望める。家並みが切れる辺りにさしかかると南側に富士市の街並みや駿河湾が一望できる。しばらくすると国道469号にぶつかる。この道路を西に向かって歩く。割と新しい片側2車線の広い道路だが、一部、歩道のない区間がある。街中に比べたら車の交通量は少ないが、車には気をつけて歩きたい。人家もなく殺風景な道程ではあるが、基本的に下りなので肉体的には楽だ。

村山浅間神社から45分ほど進むと、富士山環境交流プラザが見えてくる。富士山の自然・歴史・文化を学び、発信する場として2009年にオープンした施設で、コーヒー・紅茶（各100円）がセルフで飲める。格好の休憩場所だ。

ここから西に進むと、まもなくT字路にぶつかる。国道469号の工事区間になっており、それを北に迂回する格好で10～20分ほど歩くと次なる構成資産である山宮浅間神社に着く。

山宮浅間神社の創建は不明だが、現在、全国に1300社ほどある浅間神社の最古の神社だと考えられている。

長い参道と石段を上っていくと、玉垣で囲まれた空間がある。苔むした石塁が敷かれ、注連縄を張った照葉樹の御神木。視線を上げると、真正面に富士山がそびえている。実は、山宮浅間神社には社殿や拝殿がない。富士山そのものが御神体であり、この空間が富士山遥拝所なのだ。こうした形態は自然そのも

◀ 村山浅間神社の石像

笠雲
撮影地：山梨県西桂町

歩きながら楽しむ富士の自然美 2

富士山と雲

観《かん》天《てん》望《ぼう》気《き》と天《てん》気《き》俚《り》諺《げん》

長時間のトレイルの途中、刻一刻と変わる富士山周辺の雲の動きや表情にも注目してみよう。昔の人は、雲の形から近い将来の天候の予測にも役立てた。知っておきたい雲の形状と天気にまつわる豆知識を紹介する。

文／石田明生（常葉大学社会環境学部）
写真／山梨日日新聞社、静岡新聞社、河本尋子（常葉大学社会環境学部）

富士山は日本最高峰の山であり、かつ周囲に高い山がない独立峰でもあるため、他では見られない特徴的な雲が見られます。中でも笠雲や吊し雲はよく知られ、これらに関わることわざや言い伝えも多くあります。天気や天候を予測する昔からの言い伝えやことわざは天気俚諺といい、富士山周辺に住む人々の観天望気（自然現象や生物の行動の様子などから天気を予想すること）に生かされてきました。

さまざまな笠雲。降雨率6割以上

周辺の天気はいいのに、山頂だけに笠をかぶったような雲が見られることがあります。これは笠雲といわれ、上空に湿った空気が吹き上がり、冷やされることで現れます。山を越えて下降するときは、雲は蒸発してなくなるので、山頂に笠をかぶったような雲となります。低気圧や上空の気圧の谷が接近した時に出やすいので、天気は下り坂で翌日に雨となることが多くあります。

笠雲と言っても形は様々で、笠が二つ重なっているような「にかい笠」や富士山麓を覆うようにできる「かいまき笠」（隈取笠や縁取笠ともいう）、山頂から離れてかかる「はなれ笠」などがあります。

研究によると富士山で発生する笠雲は20種類に分類され、それぞれ出現率や、また雨や強風となる確率なども調べられています。笠雲に関わることわざや言い伝えには、「はなれ笠は日和の兆し」「ふきだし笠は風の兆し」「にかい笠は風と雨の兆し」など様々なものがありますが、多くは悪天と強風の前兆となっているものが多く、種類によって違うものの、雨が降る確率は60～80％となっています。

かいまき笠雲は別名・隈取雲とも

富士山の山肌をかいまきのように覆う笠雲を「かいまき笠雲」と呼びます。山の形を縁どって現れるのでまたの名を「隈取雲」ともいいます。好天の昼間は、山肌が温められて山肌に沿って上昇気流が起こります。空気は上昇すると気圧が低くなり、冷やされるために、空気に含まれている余分の水

吊し雲
撮影地：静岡県富士市

かいまき笠雲
撮影地：山梨県富士河口湖町

蒸気が細かい水滴となり、これが山頂までつながって広く雲ができた時に、かいまき笠雲として見えることになります。

低気圧が西の方から近づいて来る時には、太平洋から湿った暖かい空気が吹き込み、これが山に吹き上がって出来ることが多いので、かいまき笠雲が出現するとやがて低気圧が来て雨が降ることがあると考えられます。

富士山東側の吊し雲に注意

高い山の周辺に山を越えた風の影響で出来る、上から吊り下げたような凸レンズ型の雲を吊し雲といいます。風が山に当たって越えた後、山の風下側でその後も上下に波を打って伝わっていくことがあり「風下山岳波」といわれます。この波頭にできるのが吊し雲です。上空の風がほぼ一定であれば、風下にできる波の位置も一定なので、同じ位置に浮かんでいるように見えます。吊し雲も形状によって12種類に分類され、渦のように見える「かどう吊し」や楕円形の「だえん吊し」、波のように複数の雲が並んだ「波吊し」などがあります。吊し雲ができる時は山頂付近に笠雲が発生していることが多く、「富士山の東に吊し雲が出ると雨」という言い伝えのように、悪天の前兆といえます。

吹き出し笠雲と暴風雨

笠雲が発生する条件が整い、かつ上空の風が強い時には山頂から風によって雲が長く吹き出しているように見えることがあります。2014年3月20日から21日にかけて低気圧が発達しながら本州南岸を東進し、全国的に雨や雪をもたらしました。翌日は発達した低気圧の影響で北日本では暴風が吹き荒れ、吹雪で列車の運休などの影響もありました。寒気の影響で太平洋側でも所々でにわか雨やにわか雪が降り、風の強い寒い日となりました。

鉢巻がかかれば晴れる!?

このように笠雲は悪天候の兆しであるケースが多いのですが、好天の兆しを示す雲のひとつに「鉢巻雲」があります。この雲は、富士山がまるで鉢巻を巻いたように

はなれ笠雲
撮影地：山梨県富士河口湖町

ひさし笠雲
撮影地：静岡県富士市

富士山と雲

鉢巻雲
撮影地：静岡県富士市

よこすじ笠雲
撮影地：山梨県富士河口湖町

山の中腹あたりをぐるりと取り巻いた形状をしています。

夏場に鉢巻雲が見えるときは、晴れるといわれています。天気がいい夏の日には、特に草木のない五合目以上の山肌は日射で熱せられて、斜面に沿って上昇する谷風が強くなります。この谷風によって麓の湿った空気が上空へ運ばれると、冷やされて層積雲や積雲が発生します。これが遠くから見ると鉢巻雲として見えるのです。このような時は、高気圧に覆われ、非常に天気の良い時なので、その後も晴れた日が続くことが多いようです。一方で、天気の悪い時や冬に鉢巻雲が見えることもあり、「山に鉢巻雲がかかれば雨」ということわざもあるようです。低気圧が近づいてくると、湿度の高い空気が低気圧の風に運ばれます。そのため水蒸気を多く含んだ風が山肌を吹き上がり、これが冷えて雲が発生します。こうした鉢巻雲は季節によらず発生し、発生すると雨が降り出すことがあります。

偶然が生み出す自然の賜物

これらの富士山で見られる雲は、種類によっては1年に数回程度しか見られないものもあります。気流によって刻一刻とその表情が変わっていくため発生時間がほんの数分ということもあります。季節や時間帯、その日の天候や気温などさまざまな偶然が重なって生み出される雲。富士山の周りを歩いた時は、時折上を見上げて、ぜひ富士山の自然の造形を観察してみてください。

うろこ雲と巻雲
撮影地：静岡県十里木高原

澄み切った秋の空高く、小さな白い雲が規則的に並んで見える雲は巻積雲。うろこ雲、いわし雲とも呼ばれる。左の巻きひげ状の雲は巻雲。一番高い所にできる雲で上空の強い風に引っ張られて糸を引くような形に見えることも。

ほかにもこんな雲

積雲
撮影地：山梨県富士河口湖町

富士山の右側にもくもくと光る白い雲は積雲。上空が冷たく天気がいい日は富士山の斜面が熱くなり積雲が発達することがある。場所によっては風が強くなって天気が崩れ、雨や雷が鳴ることもあるので注意が必要。

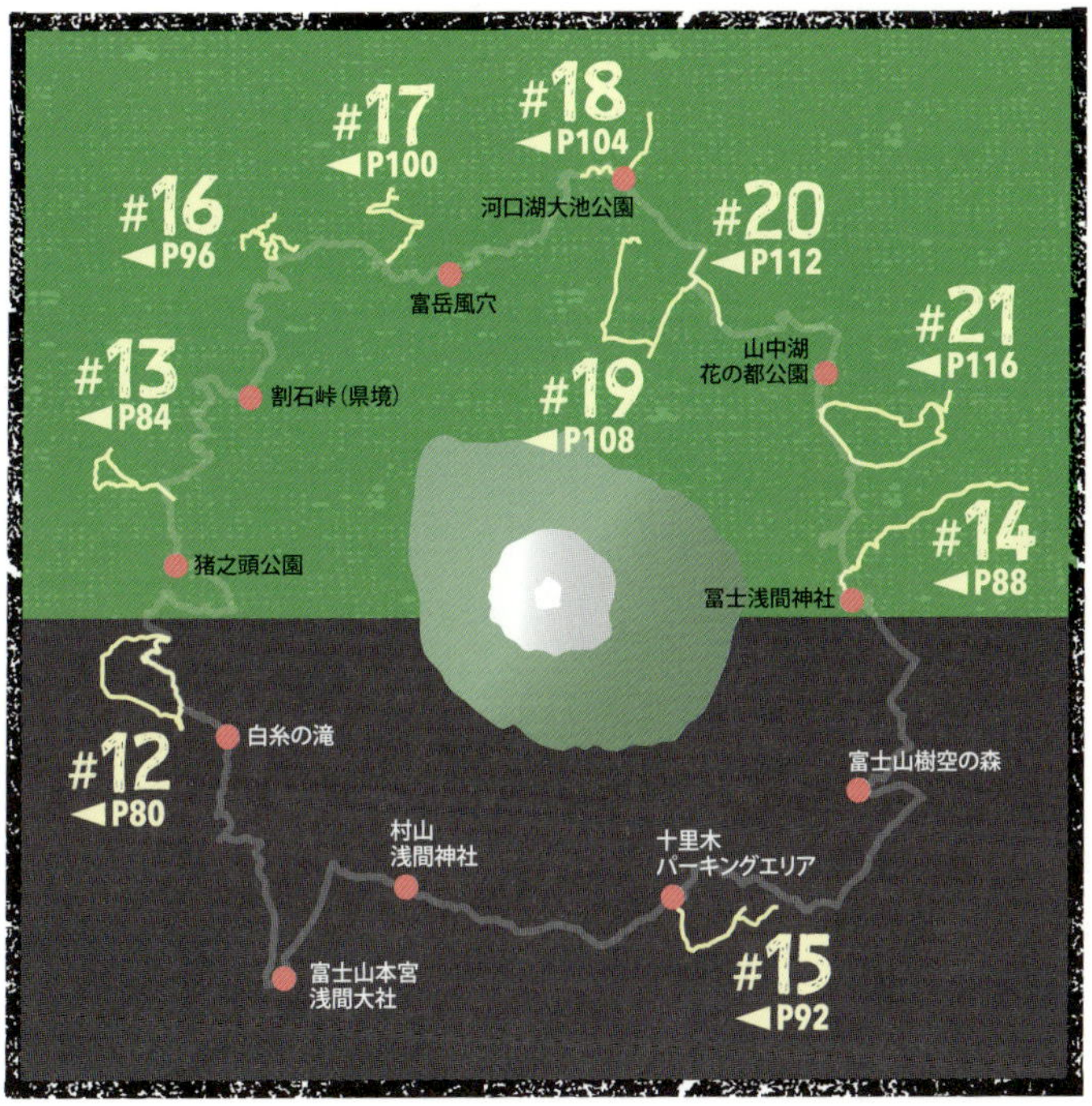

静岡・山梨両県が選んだ18本のサブコースから10コースを厳選。山梨側は観光地を中心に、静岡側は富士山の眺望や周辺の自然が楽しめるルートを紹介します。

サブコース

#12→#21

GURURI FUJISAN TRAIL

GURURI FUJISAN TRAIL

#12

富士宮市

歩行時間	5時間55分
歩行距離	15.9km
標高差	最高地点：1336m 最低地点：590m

長者ヶ岳登山コース

大沢崩れを真正面に眺める快適な登山コース

長者ヶ岳 2

長者ヶ岳山頂の休憩所からの眺め。青空にはパラグライダーが行き交う

田貫湖 1

①田貫湖 ← 115分 ②長者ヶ岳 ← 50分 ③天子ヶ岳 ← 5分 ④富士山展望台 ← 185分 ⑤田貫湖

国道139号沿いの朝霧高原に立つと東に富士山がそびえ、西に目を移すと南北に長々と連山が横たわっている。天子山塊だ。

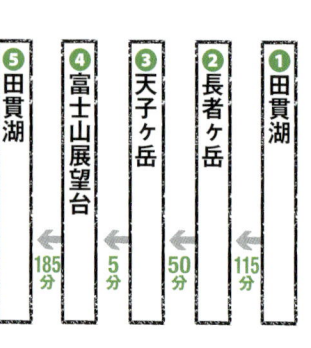

長者ヶ岳～天子ヶ岳コースの起点になるのは田貫湖。湖北岸から小田貫湿原方面に少し歩くと長者ヶ岳登山口がある。東海自然歩道のコースになっており、よく整備された登山道だ。

登りはじめは薄暗く眺望のないヒノキの植林地で割と傾斜のある道だ。30分ほど上るとべンチのある休憩所があり、富士山が目の前に見える。さらに20分ほど登ると休憩所がある。こちらからは眼下の田貫湖と富士山というツーショット。おまけは富士山のなだらかな右肩の向こうに愛鷹山、そして駿河湾が見える。

休憩所を過ぎるとナラやカエデなどの落葉広葉樹の尾根道が続く。新緑の季節（5月頃）は気持ちよさそうな道だ。緩やかなアップダウンを繰り返し、登山口から2時間ほどで長者ヶ岳（1336m）山頂に到着する。

山頂はブナの木立に囲まれ、ベンチやテーブルのある広場になっている。弁当を広げるにはもってこいの場所だ。何より東面の雑木が切り開かれて、富士山が真正面に見える。

しばし休息を取ったら、ここから天子ヶ岳を目指す。山頂には東海自然歩道の道標のほかにいろいろな道標があってまぎらわしいので、地図をよく確認して進む。

長者ヶ岳山頂からしばらく緩やかな尾根道を下っていく。ブナやナラなどの落ち葉が敷き詰められた登山道を踏むサクサクという音だけが森に響く。冬枯れの時期はそんな感じだが、5月の中旬ともなるとゴヨウツツジ（シロヤシオ）が白い花を咲かせる。

長者ヶ岳から下り鞍部を過ぎると、ややきつい登りになる。それを過ぎるとなだらかな稜線に出て天子ヶ岳（1330m）山頂だ。長者ヶ岳から50分ほどの道のりである。

天子ヶ岳山頂には、ただ山頂を示す道標があるだけでブナやナラの広葉樹に囲まれて展望はない。少し進んだところに開けた場所がある。ヒノキのたもとに小さな石の祠があり、お姫様伝説が残る大きなヨウラクツツジ（花期は5月下旬）の木がある。すぐ近くに富士山展望台があり、木立の間から富士山が望める。

富士山、田貫湖、駿河湾のスリーショットも

◀ 長者ヶ岳山頂へ向かう途中に見える富士山から目線を右へ向けると、光輝く駿河湾が見える

▲ 長者ヶ岳登山口の入り口。コースは東海自然歩道なのでよく整備され歩きやすい

▼ 長者ヶ岳山頂へ向かう途中にある休憩所からは眼下に田貫湖が一望できる

#12 長者ヶ岳登山コース

ここから田貫湖へ向かって下山。山頂付近の道標が少し離れたところにあるので戸惑うが、ルートに乗ってしまえば道標が整備されており、迷うことはない。ひたすら下るだけでほとんど眺望のない道のりだが4月中旬にはヤマザクラが楽しめるという。

天子ヶ岳から、途中、植林地内の滑りやすい斜面を下り、1時間20分ほどで未舗装の林道に出る。ここから起点にした田貫湖まで1時間30分ほど歩いて戻るのだが、「田貫湖・休暇村富士」方面の道標を見逃さないこと。未舗装の林道をしばらく進むと東海自然歩道のサブコースになっている舗装された林道に出る。天子の森キャンプ場を過ぎたらゴールの田貫湖は近い。

ACCESS & DATA

交通アクセス

●田貫湖北岸（スタート&ゴール）
バスの場合／富士宮駅から富士急バスで50分（徒歩15分）
マイカーの場合／東名富士ICから20分、中央道河口湖ICから50分

湯どころ

●富士山恵みの湯
静岡県富士宮市佐折634
☎0544-54-5200（休暇村富士）
●富嶽温泉 花の湯
静岡県富士宮市ひばりが丘805（右下参照）
☎0544-28-1126

問い合わせ

●富士宮市観光協会
☎0544-27-5240

3 天子ヶ岳山頂

▶ 天子ヶ岳山頂にあるヨウラクツツジの木

4 富士山展望台

5 田貫湖

❸ 天子ヶ岳山頂。5月中旬頃には長者ヶ岳山頂から天子ヶ岳山頂までゴヨウツツジ（シロヤシオ）が咲く

❹ 天子ヶ岳山頂付近にある富士山展望台からの眺め

寄り道 SPOT

田貫湖に昔からある食堂

田貫湖 瓔珞の家《ようらくのいえ》

☎ 0544・52・0155
静岡県富士宮市佐折634-1
11:30～14:30　不定休

田貫湖南岸にある食堂。コシの強い手打ちそばを毎日数量限定で打っているが、うどんももちもちとしてなかなかおいしい。キャンプ場の管理棟を兼ねており、売店も充実している。

肌にやさしいアルカリ性単純温泉

富嶽温泉 花の湯

☎ 0544・28・1126
静岡県富士宮市ひばりが丘805
10:00～翌9:00
（清掃のため入浴不可の時間あり）　無休

大浴場や露天風呂はもちろん、炭酸ガスが血行を促進する炭酸風呂や薬湯風呂、サウナのほか宿泊用の客室もあるなど、設備が充実。60分以内の立ち寄り湯なら大人が800円から、子ども（5歳～12歳）は400円から利用できる（ともに平日料金）。

「田貫湖・休暇村富士」の道標を見落とさないように注意

アドバイス

バス利用の場合は休暇村富士バス停下車。田貫湖北岸の周回歩道を歩いて20～30分で長者ヶ岳登山道入口に着く。山中には水場がないので、水は持参しよう。天子ヶ岳山頂からの下山には滑りやすいところもある。

花・樹木

●登山コース沿い／新緑4月下旬～5月下旬、ミツバツツジ5月頃、シロヤシオ5月上旬～下旬、ヨウラクツツジ5月下旬～6月初旬、紅葉10月中旬～11月中旬

GURURI FUJISAN TRAIL

#13

富士宮市

歩行時間	8時間
歩行距離	9km
標高差	最高地点：1946m 最低地点：860m

毛無山登山コース

眼下に広がる朝霧高原と伸びやかな富士の雄姿

取材・文／高橋秀樹

富士山の西方に長々と横たわる天子山塊の筆頭が毛無山（1946m）だ。山名の由来は樹木がないことから「木無し」という説と、樹木が豊かに茂っていることから「木成し」という相反する説がある。一部ササの原もあるが山頂まで樹木に覆われた山で、後者の説が現実的だ。

バス便の場合、朝霧グリーンパーク入口バス停で降り、麓集落を過ぎると、40分あまりで登山口のゲートがある。車だと

富士山展望所からの眺め。この岩の先端は切り立った崖。高所恐怖症でなくても足がすくんでしまう

1 登山者用臨時駐車場

↓ 75分

2 不動の滝

↓ 150分

3 富士山展望所

↓ 10分

4 毛無山山頂

↓ 90分

5 地蔵峠

↓ 155分

6 登山者用臨時駐車場

Start

1

不動の滝
2

▼金山の採掘時代の名残をとどめる破砕機の遺構

▲正面が毛無山。標高約860mから山頂までの標高差は1000m以上。なかなか手強い山である

◀▼毛無山登山口と登山口付近に自生するフジアザミ

❷細く長く流れ落ちる不動の滝。周辺は紅葉が美しい

❸毛無山8合目の先にある富士山展望所

▼秋には一面の紅葉が登山者を迎えてくれる

「ふもとっぱらキャンプ場」の手前に無料の毛無山登山者用臨時駐車場がある。登山道に入り、しばらく植林地の中の砂利道を進む。毛無山は富士金山があったところで、道端には精錬所跡や金鉱石の破砕機などの遺構が残っている。

道標にしたがって進むと金山沢に出て、涸沢を渡る。それまで平坦だった道が傾斜を増す。植林地の道を少し登ったところに地蔵峠と毛無山の分岐点が見えてくる。地蔵峠経由で毛無山山頂までだと4時間45分。そのまま山頂を目指せば3時間10分。時計と相談して「毛無山」方面を選んだ。

分岐から植林地を進むと「毛無山一合目」の標識がある。この標識は高度100mほどを目安につけられている。高度を上げるにしたがって自然の森へと変わっていく。途中には「はさみ岩」などの露岩帯があり、険しさを増してくる。

水場もない単調な登りだが気分のオアシスともいえるのが登山口から50分ほどの不動の滝見晴台だ。ベンチがあって遠くに不動の滝が落ちている。

見晴台から先も急斜面が続く。4合目を過ぎるとヘリコプターが発着する平坦地（レスキューポイント）があり、しばらく進むと5合目（1448m）に出る。さらに高度を上げて7合目では木立の間から天子山塊の南側の山々が見えてくる。ツツジが目立つ8合目を過ぎると、岩混じりの急斜面が続き、「富士山展望所」に出る。

山の斜面に突き出した岩を進むと眼下に朝霧高原が広がり、その先に富士山が伸びやかな肢体を横たえている。

3
富士山展望所

#13 毛無山登山コース

9合目を過ぎると、ようやく傾斜が緩やかになり、稜線に出る。そこは麓・地蔵峠の分岐になっており、毛無山山頂へは北へ進んでいく。

針葉樹の多い稜線を15分ほど登っていくと一等三角点のある毛無山山頂だ。付近は広場になっていて、東面は大きく開け、目の前に高度感たっぷりの富士山を眺められる。

山頂から、先の麓・地蔵峠分岐まで引き返す。途中に「北アルプス展望台」の案内板が立っている。展望台といっても大岩によじ登って眺めるらしい。登ると視界が開け、西北に北アルプスの峰々を遠く眺めることができた。

麓・地蔵峠分岐から来た道を引き返すのがてっとり早いが、時間があれば地蔵峠まで進んで下山するルートもある。山頂から来た道を下れば登山口まで2時間40分。一方、地蔵峠経由だと3時間40分ほどだ。こちらはやや上級者向けといえる。

4 毛無山山頂

❹毛無山山頂の標高1946mを記した標識

▲北アルプス展望台からの眺め

5 地蔵峠

▼夕暮れ時、うっすらと茜色の富士山と月

ACCESS & DATA

交通アクセス

●毛無山登山者用臨時駐車場
バスの場合／富士宮駅から富士急バスで36分（徒歩15分）
マイカーの場合／東名富士ICから30分、中央道河口湖ICから45分
※ふもとっぱらキャンプ場手前の無料駐車場のほか登山口にも有料駐車場（500円）がある

湯どころ

●富士山恵みの湯
静岡県富士宮市佐折634
☎0544-54-5200（休暇村富士）
●あさぎり温泉 風の湯
静岡県富士宮市上井出3470-1
☎0544-54-2331

問い合わせ

●富士宮市観光協会
☎0544-27-5240

寄り道 SPOT

ソフトクリームがのったプリン
ハートランド朝霧（中島酪農場）

☎ 0544・52・0919
静岡県富士宮市根原228
9:00～18:00　無休

新鮮な牛乳から作る「ソフトクリーム」300円と、さらに自家製プリンを組み合わせた「プリンちゃんソフト」500円が人気。売店の奥に進むと牧場と富士山が待つ絶好のロケーションが広がる。BBQやバター作り体験、キャンプ、ロッジ泊も可能。明るい牧場主が出迎えてくれる。

肉の旨味をだしの風味が引き立てる
肉うどん 野島

☎ 0544・52・0945
静岡県富士宮市人穴185
11:00~15:00
木曜休み（GWやお盆は営業）

「肉うどん（880円~）」の豚肉は朝霧ヨーグル豚、牛肉も県内産を使い、本場讃岐から仕入れる麺に合わせるだしは厳選した鰹や煮干しなどから取ったもの。店主のアイデアでのせた湯葉がアクセントだ。約20種類のスパイスをブレンドした「カレーうどん」980円も好評だ。

北アルプス展望台／この大きな岩によじ登った先が展望台
麓山の家／キャンプなど野外活動の拠点施設
地蔵峠と毛無山の分岐点

アドバイス

車利用の場合、登山口に有料駐車場（500円）もある。一等三角点のある毛無山山頂から往復40分ほどの場所に毛無山最高点1964mがある。急登の続く山であり、下山時のスリップには気をつけたい。

花・樹木

●登山コース沿い／新緑・ミツバツツジ・ヤマツツジなど5月初旬～6月初旬、山野草5月下旬～9月初旬、紅葉10月中旬～11月初旬

GURURI FUJISAN TRAIL

#14

小山町

歩行時間	4時間45分
歩行距離	11km
標高差	最高地点：1383m 最低地点：814m

三国山登山コース

緩やかなアップダウンの先に広葉樹の森が待っている

三国山から大洞山へと続く緩やかな尾根道は見事なブナの森だ

富士山の東に長々と寝そべるのが標高1300m前後の三国山陵だ。その名前通り駿河、甲斐、相模にまたがっており、富士山と丹沢山地をつなぐ山陵でもある。登山口である明神峠から登り始めると、すぐに稜線に出る。だらだらと40分弱進むと、いったん県道147号に降り、三国山東登山口の道標が現れる。

そこから三国山山頂を目指す。途中ススキが原に出ると頭上を送電線が走っている。左手にある鉄塔まで進むと眼下に富士スピードウェイや御殿場の街並みがあり、視線を上げると金時山をはじめとした箱根の山々が見える。

1 明神峠 ← 35分 ← 2 三国山東登山口 ← 35分 ← 3 三国山 ← 70分 ← 4 大洞山 ← 65分 ← 5 立山展望台 ← 80分 ← 6 冨士浅間神社

▲三国山山頂へ向かう途中、眼下に見える富士スピードウェイ

❶スタート地点の明神峠。県道147号沿道にある。登山バス運行期間中は仮設トイレあり

❷3月下旬。登山道脇にはコバイケイソウが芽吹いていた

❸美しい広葉樹の木立。新緑の季節には鮮やかな緑に包まれる気持ちのいいコースとなる

さらに登っていくと左手の樹間に湖が見えてくる。山中湖だ。県境の山であることを実感できる。40分弱登っていくと三国山山頂（１３２８ｍ）だ。この山頂は、静岡、山梨、神奈川県の県境になっている。

三国山山頂は広場になっており道標やベンチが整備されている。眺望は期待できないが、その代わり、ブナ、カエデ、ミズナラといった落葉広葉樹の森である。〝緑の回廊〟という言葉がぴったりの明るく気持ちのいい森で「静岡県の自然１００選」に選ばれている。

山頂は登山道が交差しており、「大洞山《おおぼらやま》」「アザミ平、立山」方面を目指して進む。山頂を後にして15分ほど下るとヅナ峠だ。

三国山山頂からコースの最高峰である大洞山山頂（１３８３ｍ）までの標高差は55ｍほどしかない。距離は2㎞以上あるが所要時間は1時間10分ほどだ。つい鼻歌が出そうな、ほとんどアップダウンのない快適な尾根道歩きであり、三国山陵の醍醐味ともいえる。

三国山山頂を過ぎた辺りから、ふと気づくことがある。森の床はフカフカとした落ち葉で覆われているのだが、登山客の踏み跡が残る登山道は黒々とした砂地なのだ。よく見ると、火山灰のようだ。やがて行く手の樹間に富士山が大きく見えてくる。実は、この山陵は、過去の富士山の噴火による火山灰が降り積もっているのだ。

大洞山山頂を緩やかに下っていくと、ぱっと空が開ける砂礫地に出た。それまでのブナの森とは打って変わって、針葉樹の清浄な匂いがたち込め、ヤマボウシなどの潅木の向こうに富士山がそびえている。

しばらく進むと「アザミ平」の道標がある。「籠坂峠」への分岐になっており「立山《たちやま》」方面に向かって緩やかに登っていく

#14 三国山登山コース

と畑尾山（1365m）、そして最後のピークである立山（1330m）に着く。大洞山から1時間余りの道のりだ。立山山頂から立山展望台へ進むと、左肩に宝永山、小富士を正面にした富士山がある。

展望台からは須走紅富台に向かって下る。この一帯は、富士山麓周辺に自生するサンショウバラ（花期は6～7月）の群落で知られる。

登山道はやがてスギ・ヒノキの植林地に入り、ジグザグに下る。立山山頂から1時間ほどで住宅地に下り、国道138号に出る。国道を左折して進むと、20分弱でゴールの富士浅間神社である。

ACCESS & DATA

交通アクセス

●明神峠
バスの場合／駿河小山駅から季節運行（4月下旬～11月下旬）の登山バスで25分。それ以外の季節は御殿場駅発の路線バスで約30分の明神峠入り口で降り県道147号を徒歩80分
●冨士浅間神社（須走浅間神社）
バスの場合／御殿場駅から富士急行バスで22分
マイカーの場合／東名御殿場ICから15分、中央道河口湖ICから30分、東富士五湖道路須走ICから2分

湯どころ

●須走温泉 天恵
静岡県駿東郡小山町須走112-171 ☎0550-75-2681

問い合わせ

●小山町観光案内所
☎0550-76-5000

4 大洞山

5 立山展望台

6 冨士浅間神社

Goal

構成資産

❹アザミ平手前から森の姿が変わり富士山がぐっと近くなる
❺立山展望台からの富士山左に宝永山がみえる
❻ゴールの冨士浅間神社。鳥居前に御殿場方面の路線バスがある

寄り道 SPOT

昔ながらの味と雰囲気にほっと一息
あさま食堂

☎0550・75・3538
静岡県駿東郡小山町須走109
11:00～17:00
火曜休（7、8月は無休）

冨士浅間神社の駐車場脇にある昔ながらの食堂。ラーメン（9月～4月）、うどん、そば、カレーといったありきたりなメニューがむしろ新鮮。値段も手頃だ。暇だったら富士山の話を聞けるかもしれない。

ワサビが効いた稲荷寿司とそば
滝口わさび園

☎0550・75・2757
静岡県駿東郡小山町須走359
売店9:30～17:45
そば処11:00～16:30LO　水曜定休

豊かな富士の雪解け水を使い、4代にわたってワサビを栽培する。併設するそば処ではワサビが1本付いた蕎麦（830円から）のほか茎ワサビと葉の三杯酢漬けを混ぜ込んだ「稲荷寿司」370円が人気。お土産としてワサビ漬けなどの加工品も買える。

立山展望台に立つ道標。ゴールの富士浅間神社へは須走紅富台へと進む

三国山東登山口付近／明神峠をスタートしてしばらく進んだら、一旦神奈川県道730号（静岡県道147号）に出る

アドバイス

登山口の明神峠までバス利用の場合、JR駿河小山駅から季節運行（4月下旬～11月下旬・1日1便・土日祝のみ）なので注意。それ以外の季節はJR御殿場駅から路線バスで明神峠入口下車、県道147号を歩いて1時間20分ほどで明神峠だ。

花・樹木

●登山コース沿い／新緑・ミツバツツジ・ヤマボウシなど5月中旬～6月中旬、サンショウバラ6月～7月、紅葉10月中旬～11月中旬

GURURI FUJISAN TRAIL

#15 裾野市

歩行時間	5時間50分
歩行距離	7.8km
標高差	最高地点：1504m 最低地点：720m

越前岳登山コース

黒岳・越前岳から宝永火口に対峙する

取材・文／高橋秀樹

①愛鷹山登山口 ←20分 ②山神社 ←80分 ③黒岳 ←105分 ④富士見台 ←30分 ⑤越前岳 ←50分 ⑥馬ノ背 ←65分 ⑦十里木パーキングエリア

富士山のすぐ隣にあるせいか愛鷹山塊は、地味な山だと思われがちだが、越前岳を筆頭に位牌岳、前岳、呼子岳、鋸岳、大岳、袴腰岳、愛鷹山、黒岳の9つの峰を持つ大きな山塊である。火山史的には富士山よりかなり先輩の火山でもある。

大正9（1920）年、沼津に移り住み、この地で生涯を閉じた歌人・若山牧水は、〈駿河なる沼津より見れば富士が嶺の前に垣なせる愛鷹の山〉、〈愛鷹山の根に湧く雲をあした見つゆふべ見つ夏のをはりとおもふ〉など多くの歌を残した。

愛鷹山登山口バス停から杉林の中を20分ほど歩くと、トイレ

❷ 松永塚が静かに佇む山神社。まずは道中の無事を祈願

❸ 黒岳展望広場から望む富士山。眼下に見える草原は大野原

▼ ここが古い登山道だと分かる苔むした石段

越前岳から十里木に向かう途中の馬ノ背。黒岳から越前岳を行くこのコースでは若い登山者に大勢出会った

▲ 黒岳山頂

黒岳から越前岳へ 単調な登りが続く

のある大きな駐車場が現れる。案内図や道標もしっかりしており、登山者への配慮が感じられる。薄暗く苔むした石段を歩き登山道に入ると山神社がある。道中の安全を祈願し、まずは黒岳（1087m）を目指す。

最初は薄暗い杉林を歩くが20分ほど進むと落葉樹の森になり、落ち葉を踏むサクサクという音が気持ちいい。山神社から50分ほどで富士見峠という尾根道に出る。

そこから黒岳への急坂を登り切ると黒岳展望広場だ。このコースでは富士山との初対面である。ここからの富士山は、宝永4（1707）年の大噴火でえぐりとられた宝永火口が正面に見える。もう少し進むと黒岳山頂。広場として整備され、富士山を眺められる。

黒岳から富士見峠に戻り、次に目指すのは愛鷹山山塊の最高峰、越前岳（1504m）だ。急坂はないが単調な登りが2時間近く続く。途中、ひと息つけるのが鋸《のこぎり》岳展望台だ。鋭く尖った鋸岳（1296m）の荒々しい山容をしばし楽しむ。

ひと休みして先に進むと富士見台に着く。名前の通り、富士山が見えるが、木立に遮られて全貌とまではいかない。だが説明板によると、岡田紅陽が何度か訪れて富士を撮影した場所だという。紅陽は知らなくても、旧五千円札に描かれた本栖湖の逆さ富士は誰もが目にしているはず。この絵の元を撮影したのが紅陽だ。富士見台にある説明板には昭和13（1938）年発行の50銭紙幣の写真も載せており、確かに深くえぐられた宝永火口が描かれている。

富士見台から30分ほど登って、やっと越前岳山頂に到着。黒岳からの道中で会った登山客は数人だったが、山頂付近は、目を疑うばかりの人の多さ。カラフルなウエアでキメた山ガールや山ボーイが闊歩しており、愛鷹山の地味なイ

#15 越前岳登山コース

メージが吹き飛んだ。

越前岳山頂付近から富士山は、ちらっとしか眺められないが、眼下に市街地と駿河湾が広がり、それはそれで伸びやかな気分になる。

しばらく眺望を楽しみ、十里木に向かって下山開始。落葉樹の樹林帯を50分ほど下り、馬ノ背までくるとススキ野が広がる。天気に恵まれれば目の前に裾野を広げる富士山が迫ってくる。馬ノ背から30分ほどで十里木バス停に着く。

富士山は、いつもそこにあるが、気まぐれでもある。晴れているからといって見えるとは限らない。それが富士山だ。

▼鋸岳展望台からギザギザと尖った山容の鋸岳を望む

富士見台 4

越前岳 5

馬ノ背 6

❹富士見台から見える富士山。昭和初期の50銭紙幣に印刷された富士山はこの場所から岡田紅陽が撮った写真を図案化したもの

❺越前岳山頂からの眺望を楽しむ登山者

❻富士山ビューポイントのひとつである馬ノ背

▲一面に広がるススキの中を行く十里木高原

\GOAL!/

7 十里木パーキングエリア

寄り道 SPOT

古民家で味わう名物の田舎そば
蕎麦つくし 蕎仙坊《きょうさんぼう》

☎ 055・998・0170
静岡県裾野市須山1737
11：30～夕方（売り切れ次第閉店）
（夕方は電話で確認を）　第2・4火曜定休

築400年以上の風情ある佇まいで本格派の蕎麦が味わえる。サクサクの天ぷらがつく「天ぷらつき田舎そば」1620円は太くて噛み応えのある蕎麦に固定ファンが多い。柚子などを練り込んだ変わりそばや一品料理も人気。「もりそば」864円など。

おいしい空気と料理をテラス席で
cafe TRAIL《カフェトレイル》

☎ 055・998・0515
静岡県裾野市須山2255-1140
11：00～16：00（土日・祝日18：00まで）
火・水曜定休

ウェブ関連の仕事をしていたオーナー田邊俊雅さんが、標高1000m近い十里木高原で店を始めたのは2014年春のこと。パスタ、煮込み料理、インドカレーなど料理はすべて手作り。地元の名物や、富士山の撮影ポイントなどオーナーとのおしゃべりも楽しい。

ACCESS & DATA

交通アクセス

●愛鷹山登山口
バスの場合／御殿場駅から富士急バスで29分
マイカーの場合／御殿場駅から20分（入口から10分の山神社の駐車場まで）
●十里木パーキングエリア
バスの場合／JR御殿場駅から富士急バスで43分（徒歩15分）
マイカーの場合／東名裾野ICから17分、富士ICから10分

湯どころ

●ヘルシーパーク裾野
静岡県裾野市須山3408
☎055-965-1126
●富士遊湯の郷 大野路
静岡県裾野市須山2934-3
☎055-998-1616

問い合わせ

●裾野市観光協会
☎055-992-5005

十里木高原展望台は、目の前に広がる高原と富士山の広い裾野の美しさを体感できる

富士見峠／あしたか山荘から10分ほどで着く
無人・無料の山小屋・あしたか山荘

アドバイス

十里木バス停からJR御殿場駅方面バスの運行本数は少ないので、事前によく調べて計画を立てたい。コースは道標もしっかりしており迷ったり危険な箇所はないが、急坂や長い登りもある。水場はない。

花・樹木

●登山コース沿い／新緑5月中旬～6月中旬、アシタカツツジ、ミツバツツジ、イワカガミなど10月下旬～11月下旬

富士河口湖町

#16

GURURI FUJISAN TRAIL

歩行時間	4時間
歩行距離	14km
標 高 差	最高地点：1328m 最低地点：903m

精進湖と雄大な自然探索コース

いにしえの旅人気分で古道や湖畔を散策

取材・文 塩澤良雄

構成資産

精進湖。他手合浜からの眺めは、富士山が手前の大室山を抱きかかえているように見えるため「子抱き富士」と呼ばれる

①精進諏訪神社 ←5分 ②旧中道往還案内板 ←15分 ③与謝野晶子文学碑 ←0分 ④精進湖 ←70分 ⑤パノラマ台 ←80分 ⑥精進湖自然観察路 ←70分 ⑦赤池バス停

中道往還と呼ばれる山梨の古道や精進湖畔を歩き、標高１３２８ｍのパノラマ台へのトレッキング、湖の南東岸に広がる東海自然歩道の大自然を楽しむ。

スタート地点は精進諏訪神社。ここから精進湖に向かって真っすぐ延びる道は、甲斐と駿河の交易で重要な役割を果たした旧中道往還と呼ばれる古道だ。貞観６（８６４）年の富士山大噴火による溶岩流で形成された精進湖は形が複雑で、

❶ 精進諏訪神社の国指定天然記念物の「精進の大杉」。樹齢約1200年で樹高は40m超

❷ 旧中道往還の案内板。戦国時代には軍用道路として、江戸時代には駿河から塩や海産物などの輸送路として使われた

精進諏訪神社
1

3
与謝野晶子文学碑

❸ 昭和初期にこの地で詠んだ歌が刻まれている与謝野晶子文学碑

❹ 精進湖の面積は0.5平方kmと富士五湖の中で最小。南岸は溶岩でできた湖岸美が続く

2
旧中道往還
案内板

穏やかな湖面と重厚な溶岩が調和 〝東洋のスイス〟へ誘う

カヌー競技のメッカでもある精進湖

穏やかな湖面の表情と重量感のある溶岩とのコントラストが独特の雰囲気を醸し出す。四季の変化に富む景観は富士五湖一といわれ、明治時代中期、英国人ハリー・S・ホイットウォーズは「ジャパン・ショージ」として海外に紹介。富士五湖で最初の西洋式ホテルを創業し、「東洋のスイス」と呼ばれるようになった。大正時代から昭和初期にかけては与謝野晶子や若山牧水、斎藤茂吉、田中冬二らが訪れ、その神秘と静寂に魅せられた作品を残した。県営の無料駐車場には、与謝野晶子文学碑が建てられている。

その駐車場の前にある他手《たて》合浜《ごうはま》は、湖畔の浜の中で一番広く、ここから眺める富士山は、大室山を抱いているように見える。「子抱き富士」と名付けられた由来だ。

パノラマ台への入り口は、県道706号に面した富士急山梨バスのパノラマ台下バス停だ。カラマツなどの原生林の中、森林浴を楽しみながらよく整備されたつづら折りの登山道を進む。樹林越しに精進湖、西湖、河口湖、御坂山地が遠望できるコース。沢には手すり付きの木橋が、登山道には転落防止用トラロープが設置されているが、注意して登ろう。景色を楽しんでいるうちに分岐（稜線）に出る。右が三ッ沢峠・三方分山、左がパノラマ台である。

1時間ほどで着く標高1328mのパノラマ台山頂からの眺めは、その名の通り360度の大パノラマ。富士山の周りに首飾り状に連なる本栖湖、精進湖、西湖、河口湖の眺め、深い緑の青木ヶ原樹海、富士の裾野の広さが感じられる。さらに条件がよければ駿河湾までも遠望できる。景色を堪能したら、同じコースを戻り、今度は湖畔道

#16 精進湖と雄大な自然探索コース

路に沿って南に進路を取る。道沿いのホテルや民宿がなくなった辺りから、青木ヶ原のゴツゴツとした溶岩が湖水まで迫る光景が広がる。宇の岬トンネルの手前には、トンネルの上に建つホテルの看板がある。

トンネルを通過し、溶岩で囲まれた湖面を見ながら歩く。精進活性化センターの敷地から20mほど手前に精進湖自然観察路の入り口がある。観察路は宇の岬の外周路に沿って造られている。苔むした溶岩、多彩な溶岩樹型と溶岩トンネルは、太古のロマンを感じさせてくれる。国道139号に出て河口湖方面に進めば、ゴール地点の赤池バス停である。

ACCESS & DATA

交通アクセス

●精進諏訪神社
バスの場合／河口湖駅から富士急バスで35分(徒歩5分)
マイカーの場合／中央道河口湖ICから25分
●赤池バス停
バスの場合／河口湖駅から富士急バスで32分
マイカーの場合／中央道河口湖ICから23分

問い合わせ

●精進湖観光協会
☎0555-87-2651

5 パノラマ台

6 精進湖自然観察路

7 赤池バス停

5 パノラマ台からは特に富士山と眼下に広がる青木ヶ原樹海の展望が圧巻

6 よく整備されて歩きやすい精進湖自然観察路

寄り道SPOT

地元野菜使った「薬膳ほうとう」いろいろ料理 ことぶき

☎ 0555・87・2303
山梨県富士河口湖町精進1049
9:00～18:00　無休（12～3月は火曜休）

精進湖北岸にある和洋折衷料理の店。定番の「薬膳ほうとう」は地元野菜に朝鮮人参や白キクラゲなどを加え、味噌は自家製。地域のシカ食害対策として町役場の依頼で考案した「鹿カレー」やシカ肉ミートソーススパゲティも人気。

ヘルシーな「シカ肉ギョウザ」精進湖観光案内所

☎ 0555・87・2215
山梨県富士河口湖町精進746
10:00～15:00　不定休

国道358号（精進ブルーライン）沿いにあり、食事処として立ち寄る観光客も多い。地域のシカ食害対策として考案した「シカ肉ギョウザ」が好評。シカ肉は高タンパクで低脂肪なので、健康志向の人にもおすすめだ。

アドバイス

精進湖畔からパノラマ台までは、登山道が続くので軽登山靴が最適だ。さらにストックがあればトレイルに便利だ。また、精進湖自然歩道（東海自然歩道）も溶岩流でできた遊歩道なので足元に注意しよう。

花・樹木

- 他手合浜周辺／ソメイヨシノ4月中旬～下旬
- 精進湖自然観察路／ミツバツツジ4月下旬～5月中旬

サブコース番外編

本栖湖の神秘を訪ねるコースも魅力

山梨県選定の「ぐるり富士山トレイル」のコースには精進湖よりさらに西側の「本栖湖周辺を巡るサブコース」もある。こちらも趣があるのでぜひ訪ねてみてほしい。西・南・北の3面を標高千m以上の山塊に囲まれ、静寂に満ちあふれた雰囲気だ。このコースでは身延町方面を主に巡ってみよう。写真家・岡田紅陽は、富士山をこよなく愛した。紅陽が身延町中之倉地区から撮影した作品をモデルにしたのが、旧5千円（昭和59年発行）と現千円札（平成16年発行）の裏に印刷されている図柄「逆さ富士」である。

富士河口湖町

#17

GURURI FUJISAN TRAIL

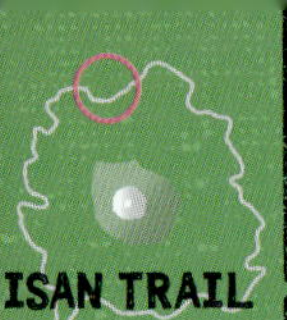

歩行時間	1時間50分
歩行距離	6.5km
標高差	最高地点：990m 最低地点：904m

西湖と野鳥と樹海探検コース

神秘的な湖と原生林 洞穴や野鳥の森を探索

取材・文／塩澤良雄

1 西湖・根場浜
↓ 20分
2 西湖いやしの里根場
↓ 30分
3 西湖野鳥の森公園
↓ 15分
4 樹海遊歩道
↓ 15分
5 西湖蝙蝠穴
↓ 15分
6 竜宮洞穴
↓ 15分
7 富岳風穴

華やかな観光スポットが連なる河口湖と比べ、静けさに包まれた原始的で神秘的な湖、それが西湖の印象だ。その西湖の北西部を出発し、日本の原風景が再現された地域や野鳥の森を歩き、樹海探検も味わうコースがここだ。

精進湖と河口湖との間にある西湖は、面積2・1平方kmで、富士五湖の中では2番目に小さい。2010年に環境省のレッドリストで絶滅種に指定されていた日本固有の淡水魚・クニマスが約70年ぶり

❶根場浜からの富士山。湖北は御坂山地の屏風のような絶壁が迫り、湖西は青木ヶ原樹海、湖南は切り立った溶岩と、西湖は場所によって違った表情を見せる

❷西湖いやしの里根場。20棟の茅葺き屋根の民家を整備し、昔話のような風景の中に体験施設や食事処などがある

❸紅葉が美しい西湖野鳥の森公園。1月下旬から2月初旬には高さ10mもの樹氷が見られる「西湖樹氷まつり」を開催

西湖蝙蝠穴の内部は鍾乳石や溶状溶岩、溶岩ドームなど神秘的な形状が多くみられる。洞窟とコウモリが国の天然記念物に指定されている

原風景を再現した茅葺き屋根集落も

に発見され、話題を呼んだ。湖北西部にある根場浜《ねんばはま》からは、西湖と青木ヶ原樹海越しの富士山が望め、そのコントラストが美しい。

県道21号を西に進み、根場民宿村を過ぎると大きな案内板があるので右に入る。広い駐車場の先が西湖いやしの里根場だ。ここでは１９６６年の台風で壊滅的被害を被った茅葺き屋根集落を甦らせ、この地の原風景を再現。近年は外国人観光客でもにぎわう。

次に向かう西湖野鳥の森公園は、青木ヶ原樹海に囲まれ、２１０種類もの野鳥が飛来する。鳥のさえずりにゆっくりと耳を傾けられる場所だ。

樹海遊歩道は幅が広く歩きやすいうえ、約２００ｍ間隔で道標が設置されている。途中に「栂の巨木帯」「雨やどりの穴」「檜の寄木」の案内板があり、遊歩道の特徴を紹介している。氷穴「英《はなぶさ》」はその昔、地区住民が冷蔵庫の代用として、食料などの備蓄として使っていた。

遊歩道以外の樹海エリアは、樹木と苔むした溶岩に覆われ、昼でも薄暗い。今なお原始の姿を留める樹海の森を、作家の松本清張は小説「波の塔」の中で「千古の苔を宿した人跡未踏の原始密林である」と描写している。

西湖野鳥の森公園から８００ｍほど進むと、遊歩道の交差ポイントに差し掛かる。左が西湖湖畔への近道、右が紅葉台（標高１１６４・６ｍ）に通じる道である。そのまま直進しよう。西湖近くの三湖台（標高１２０３ｍ）や紅葉台からは、長く裾を引く富士山麓の広大な樹海を見渡すことができる。

#17 西湖と野鳥と樹海探検コース

遊歩道を抜けると西湖蝙蝠《こうもり》穴だ。総延長350m以上に及ぶ、富士山麓で最大の洞穴である。中の温度は他の洞穴と異なり、夏もそれほど冷気を覚えず、冬でも温暖なので、過去にはコウモリが冬眠場所として多数生息していた。小中学生が学校の課外活動として見学することも多いので、子ども連れにもおすすめだ。県道710号から富岳風穴の信号のある国道139号に向かう。道の両サイドを深い緑の大木、青木ヶ原樹海が囲み、むき出しの溶岩と大蛇のように絡み合った根で支えられた樹木が独特な雰囲気を醸し出している。

しばらく進むと、国指定天然記念物である溶岩洞窟「竜宮洞穴」と東海自然歩道のコースである紅葉台へと通じる道がある。竜宮洞穴は崩壊の危険があるためロープが張ってあり近づけない。ゴール地である富岳風穴は春から秋にかけ、大勢の観光客でにぎわっている。

ACCESS & DATA

交通アクセス

●根場浜
バスの場合／河口湖駅から周遊バスで37分
マイカーの場合／中央道河口湖ICから25分

●富岳風穴
バスの場合／河口湖駅から富士急バスで26分（徒歩3分）
マイカーの場合／中央道河口湖ICから15分

問い合わせ

●西湖観光協会
☎0555-82-3131

4 樹海遊歩道

❹ 貞観の富士山噴火で流れ出た溶岩の上に広がる青木ヶ原樹海。その中の樹海遊歩道は樹齢330～360年ほどのツガやヒノキ、アカマツなどが自生し学術的にも貴重な区域。樹海探検のネイチャーガイドも好評

❻ 竜宮洞穴は長さ60mほどで気温が非常に低い。かつては富士講八海めぐりの霊場として栄えた。国指定天然記念物

5 西湖蝙蝠穴

6 竜宮洞穴

7 富岳風穴

寄り道 SPOT

西湖名物ヒメマス、ワカサギ堪能

食事処 岬

☎ 0555・82・2490
山梨県富士河口湖町西湖701-3
夏8:30~20:00、冬10:00~17:00　不定休

西湖の北岸にあり、西湖名物のヒメマスやワカサギ定食を提供している。ほうとう、うどん、カレー、コーヒーなどもあり、ひと休みするには最適。

「ナメコ汁」は地元産の素材

休み処 かぎかけ茶屋

☎ 0555・82・2806
山梨県富士河口湖町西湖2811
夏9:00～17:00、冬9:30～16:30
水曜定休（12～2月）

西湖いやしの里根場の町営駐車場出口正面にあり、地元産の「ナメコ汁」はホッとする一杯。ほうとう、そば、甘味などもある。地酒の提供のほか土産物も販売している。

アドバイス

車道、樹海遊歩道ともに歩行者が少ないので、静かなトレイルが楽しめる。遊歩道を囲む濃い緑の木々は神秘的。直通バスがないので、スタート地点に戻るにはタクシーが便利だ。

花・樹木

- 西湖野鳥の森公園／フジザクラ4月中旬～下旬、ミツバツツジ4月下旬～5月中旬
- 西湖いやしの里根場／シダレザクラ4月中旬～下旬
- 西湖蝙蝠穴周辺／アジサイ7月中旬～8月上旬

クニマス／西湖では2010年、レッドリストで「絶滅種」に指定されていたクニマスが約70年ぶりに発見された。保護活動が広がり、今では稚魚もスクスクと育っている

樹海遊歩道にあるヒノキの奇木。ヤマタノオロチのような形が珍しい。樹海内ではユニークな形状の木にも注目してみよう

富士河口湖町

#18

GURURI FUJI ISAN TRAIL

歩行時間	1時間30分
歩行距離	6km
標高差	最高地点：870m 最低地点：837m

河口湖と歴史散策コース

湖上橋から富士を仰ぎ武田信玄ゆかりの神社へ

取材・文／塩澤良雄

構成資産

冨士御室浅間神社は慶長17（1612）年に再建された。桃山時代の特色を示す

①河口浅間神社 ←35分 ②河口湖美術館 ←10分 ③産屋ヶ崎 ←10分 ④河口湖大橋 ←25分 ⑤富士御室浅間神社 ←10分 ⑥シッコゴ公園

〝富士山の首飾り〞と形容される富士五湖。中でも河口湖は豊かな自然や史跡に加え、レジャー施設などの見どころが多い。このコースは、河口浅間《あさま》神社を起点にアートを楽しんだり、歌人ゆかりのスポットや美しい風景に出合うルートである。

スタート地点の河口浅間神社は、貞観6（864）年に始まった富士山噴火を受けて、富士北麓側に初めて設置され

河口浅間神社

1

構成資産

七本杉

河口湖美術館

2

産屋ヶ崎

3

芭蕉や紅陽も愛した景勝地
ゆかりの史跡や碑が点在

1 河口浅間神社の境内には、樹齢千年を超えるといわれる七本杉がある。7本もの古木が1カ所にあるのは珍しく、山梨県の天然記念物に指定されている

2 河口湖美術館には、足立源一郎の「富士」、岡田紅陽の「新雪光る」など、富士山を題材にした作品が多く所蔵されている

3 産屋ヶ崎からの眺望は岡田紅陽も好んだ。波が静かな晴天時には「逆さ富士」が湖面に映る

た浅間神社であるといわれる。4月25日の例大祭「孫見《まごみ》祭」、7月28日の鎮火奉謝祭（稚児の舞祭）など、現在も富士山と密接に結び付いた宗教行事が行われている。

神社の西の通りが町道河口浅間通り（旧国道137号）である。新バイパスの供用開始とともに交通量が減ったため、安心してトレイルできるだろう。

河口湖を目指して南へ進む。用水路の直近に「渡船場入口」と書かれたバス停がある。かつては河口湖畔に宿泊した富士講の信者がここから乗船し、河口湖の南岸にある船津まで行き、船津口登山道を通って富士登山を行った場所である。

コースを少し外れるが、河口湖美術館前の信号を右折して県道21号にも出てみよう。この道は河口湖の北岸を半周しており、沿道には物産館、アミューズメント施設、ミュージアムなどが多い。ウオーキングコースもよく整備されていて歩きやすく、4月は桜、11月は紅葉の名所としても名高い。

河口湖大橋の手前で、ひょっこりと突き出た岬が産屋《うぶや》ヶ崎である。ここはかつて松尾芭蕉が、ここからの眺めがあまりに美しいので、〈雲ぎりのしばし百景つくしけり〉と詠んだ場所だ。芭蕉の句碑はもちろん、作家・中村星湖や写真家・岡田紅陽らの胸像も建つ。岬は大橋とのコントラストが素晴らしく、河口湖を代表するビューポイントの一つだ。

その美しい景観から、「日本の道百選」にも選ばれている河口湖大橋は、橋長約500mで、富士山や湖を360度見渡せることから、トレッキングコースとしても人気。車道と歩道がしっかり分けられているので安心して歩ける。しかし、湖面から高い場所にあって吹きさらしなので、

#18 河口湖と歴史散策コース

強風には、くれぐれも注意しよう。橋上からの眺めは気持ちよく、湖面を走る遊覧船やモーターボートのほか、北に御坂山地、南に富士山、西には南アルプスも望める。湖畔にはレンタサイクル施設も多いので、ツーリングを楽しむのもおすすめだ。

大橋を渡った後は、西へと進もう。6月中旬から7月にかけて、河口湖の夏の代名詞であるラベンダーが咲き誇る八木崎公園、武田信玄直筆の安産祈願文や、山梨の中世の歴史を記した「勝山記」が残る国指定重要文化財・富士御室浅間神社を経由して、やぶさめ神事の舞台として知られるゴール地点のシッコゴ公園を目指す。

ACCESS & DATA

交通アクセス

●河口浅間神社
バスの場合／河口湖駅から富士急バスで10分（徒歩1分）。富士山駅からループバスで15分
マイカーの場合／中央道河口湖ICから15分

問い合わせ

●富士河口湖町役場観光課（平日）／☎0555-72-3168
●富士河口湖観光総合案内所（土日祝）
☎0555-72-6700

4 河口湖大橋

5 構成資産 富士御室浅間神社

❹ 河口湖大橋。国道の渋滞解消を目的に1971年に有料道路と供用を開始し2005年に無料化された

❺ 高い樹木に覆われ、厳かな雰囲気が漂う富士御室浅間神社

6 シッコゴ公園

◀ シッコゴ公園で行われるやぶさめ祭り

寄り道SPOT

南に富士、西に河口湖のパノラマ

天上山公園
カチカチ山ロープウェイ

☎ 0555・72・0363
山梨県富士河口湖町浅川1163-1
9:00～17:00（季節により異なる）
整備日に運休あり

河口湖東岸にあり、「カチカチ山」の舞台といわれる天上山（標高1104m）に通じる。終点の富士見台駅から徒歩2分ほどの展望台からは南に富士山、西に河口湖の大パノラマが広がる。2015年にゴンドラ（36人乗り）をリニューアルした。

バラ園と自動演奏楽器は必見

小さなヨーロッパ
オルゴールの森

☎ 0555・20・4111
山梨県富士河口湖町河口3077-20
9:00～17:30（季節により異なる）
1～2月の木曜

豪華客船タイタニック号に搭載されるはずだった自動演奏楽器や世界最大級のダンスオルガンなどの収蔵品が優雅な音色を響かせる。レストランや売店、チョコレート専門店などのほかバラが中心の美しい庭園も見どころ。

アドバイス

このコースには観光スポットが密集しているので、交通量の多い車道の歩行、湖畔道路の横断には注意しよう。点在している公園では四季折々の花々が楽しめ、年間を通じて多彩なイベントがくり広げられる。

河口湖北岸の桜と紅葉。梨川近くにある「河口湖猿まわし劇場」のサルに出合えることもあるかも!?

花・樹木

- 産屋ヶ崎／ソメイヨシノ4月中旬～下旬
- 八木崎公園／ラベンダー6月下旬～7月中旬
- シッコゴ公園／ソメイヨシノ4月中旬～下旬
- 河口湖円形ホール周辺（梨川沿い）／ソメイヨシノ4月中旬～下旬、紅葉11月上旬～中旬
- オルゴールの森／バラ6月中旬～7月上旬
- 河口湖天上山公園／アジサイ7月中旬～8月中旬

古賀政男記念公園の音楽碑からは「影を慕いて」「丘を越えて」などのメロディーが流れる

時間があれば、レンタサイクルで湖畔を巡ってみるのも楽しい

歩行時間	4時間
歩行距離	16km
標高差	最高地点：1100m 最低地点：850m

富士登山道と胎内樹型を巡るコース

かつての中心的登山道から溶岩の神秘を訪ねる

取材・文／塩澤良雄

吉田口登山道は富士スバルライン開通以前、富士登山の中心的な道だった。登山道西側にはサブコースである遊歩道が広がる

円錐状の富士山には、山頂に向かって各方面からいくつもの登山道が延びている。その中で最もポピュラーなのが吉田口登山道だ。今は5合目からの登山が主流だが、半世紀ほど前までは山麓からの入山が一般的だった。このコースは、富士スバルライン（富士山有料道路）を挟むように山頂へと続く吉田口登山道（遊歩道）と船津口登

①北口本宮富士浅間神社 ←20分 ②富士パインズパーク ←60分 ③中の茶屋 ←60分 ④吉田胎内樹型 ←30分 ⑤船津胎内樹型 ←40分 ⑥河口湖ステラシアター ←30分 ⑦富士ビジターセンター

1

Start

富士パインズパーク ❷

❹ 吉田胎内樹型

構成資産

❸ 中の茶屋

◀中の茶屋の脇にある富士講の碑

麓の登山道は天然記念物の宝庫

❷ 多目的運動広場や林間遊歩道が整備されている富士パインズパーク

❸ 中の茶屋は、北口本宮冨士浅間神社と馬返しとの中間にあるため、その名がついた。給茶サービスのほか、気象・観光情報が得られる

❹ 吉田胎内樹型の内部は通常非公開。937年の富士山噴火で、粘性の低い玄武岩質の溶岩が森林を覆い消失させる際に樹木が鋳型の役割をなして形成された

山道を結んでおり、麓の自然を満喫できる。

　スタート地点の北口本宮冨士浅間神社は、吉田口登山道の起点でもある。文化財や天然記念物が数多くあるので、ゆっくり見学しよう。登山道一帯は、かつて雪代（土石流）被害が多かったため、防止策として江戸時代に約3万本のアカマツが植林されたといわれている。今では、雪代堀の整備や護岸・山腹工事が進んだことから、「諏訪の森アカマツ美林」として保全されている。道の反対側にある富士パインズパーク（諏訪の森自然公園）は、樹齢約４００年のアカマツ林が広がり、広い芝生広場は住民や行楽客の憩いの場になっている。

　東富士五湖道路をくぐり、しばらく進む。この辺りはかつて馬車道として人馬や自動車が往来していた。標高１１００m付近にある中の茶屋は麓に最も近い山小屋としてかつては栄えた。今は新築され休憩所として春から秋まで営業している。周辺にはフジザクラの群生があり、４月下旬から５月上旬に咲き誇る。

　中の茶屋を折り返し、T字路を左折する。富士北麓公園を通り過ぎ、福沢橋を渡ると、構成資産で国指定天然記念物の吉田胎内樹型の入り口だ。階段を登ったところに赤い鳥居があり、20分ほど進むと吉田胎内樹型がある。ここは崩壊の恐れがあり入洞できないが、自然の神秘が感じられるエリアである。

　火山防災や自然環境に関する研究などをしている山梨県富士山科学研究所を過ぎ、しばらく進むと河口湖フィールドセンターだ。ここでは船津

▲山梨県富士山科学研究所

#19 富士登山道と胎内樹型を巡るコース

胎内樹型に有料で入洞できる。この胎内樹型も構成資産で国指定天然記念物だ。洞内は入り口付近がろっ骨状に波打ち、奥に行くと筒状、天井は溶岩鍾乳石であり、人間の胎内を思わせるところから命名された。富士山信仰の拠点でもあり、火山鎮護の神・木《この》花開耶姫命《はなさくやひめのみこと》がここでお産をしたという伝説がある。江戸時代には、「胎内巡り」のメインコースだった。

T字路を右折して歩を進めると、見落としやすいが、船津口登山道沿いの石柱「特別名勝富士山」の碑がある。そこからしばらくすると音楽ホール・河口湖ステラシアターが見えてくる。

国道139号と並行する自然歩道を進み、間もなくすると山梨県立富士ビジターセンターだ。富士山と富士五湖の自然、歴史、文化などが紹介され、2016年度には敷地内に富士山世界遺産センターがオープンする。

ACCESS & DATA

交通アクセス

●北口本宮冨士浅間神社
徒歩の場合／富士山駅から25分
バスの場合／富士山駅からループバスで7分
マイカーの場合／中央道河口湖ICから6分
●富士ビジターセンター
バスの場合／富士山駅からループバスで31分（徒歩3分）
マイカーの場合／中央道河口湖ICから5分

問い合わせ

●ふじよしだ観光振興サービス
☎0555-21-1000
●富士河口湖町役場観光課（平日）
☎0555-72-3168
●富士河口湖観光総合案内所（土日祝）
☎0555-72-6700

▲船津胎内樹型入り口

船津胎内樹型 5 構成資産

❺ 船津胎内樹型は、溶岩樹型の中でも珍しい複合型樹型。洞内は有料（大人200円、小中学生100円）で公開（月曜休み）。このほか周辺には大小43個以上の溶岩樹型がある

❻ 古代ギリシャの野外劇場を模した河口湖ステラシアター。3千人収容の客席は半円形で音響が素晴らしい

河口湖ステラシアター 6

山梨県立富士ビジターセンター 7

Goal

寄り道 SPOT

大型スクリーンで富士山を学ぼう
山梨県立富士ビジターセンター

☎0555・72・0259
山梨県富士河口湖町船津6663-1
8：30～17：00
（最終入館16：30・季節により延長）　無休

富士山の歴史とその周辺地域の自然や文化を楽しく学習できる施設。大型スクリーンで富士山や富士五湖の成り立ちなどを紹介、富士山の最新情報も提供する。5合目を訪れる外国人観光客にも人気のスポット。

ボリューム満点! 自慢のかつ丼
ふるさと食堂

☎0555・23・0408
山梨県富士吉田市上吉田1094
11：30～14：00　金・日曜・祝日定休

半世紀にわたり地元住民や観光客をもてなしてきた。一番人気の「かつ丼」はサラダ、漬物、味噌汁つきで600円。良質な油で揚げた肉はジューシーでやわらかく、米は自家栽培のミルキークイーンとひとめぼれのブレンド米だ。

アドバイス

富士山に向かって真っすぐ延びている吉田口遊歩道、舗装され商業地帯に溶け込んでいる船津口登山道ともに歩きやすい。吉田胎内樹型に行く場合は、落ち葉などで滑りやすいので注意を。構成資産の吉田口登山道は舗装道路だが、自然を満喫できる遊歩道の方を歩こう。

花・樹木

- 吉田口登山道／フジザクラ4月下旬~5月上旬
- 河口湖フィールドセンター／フジザクラ4月下旬~5月上旬、ミツバツツジ4月下旬~5月上旬

富士吉田市

#20

GURURI FUJISAN TRAIL

歩行時間	1時間
歩行距離	4km
標高差	最高地点：900m 最低地点：810m

富士山信仰と歴史・文化に触れるコース

「富士みち」から新名所まで短い行程に魅力を凝縮

取材・文／塩澤良雄

❶金鳥居 ← 5分 ← ❷御師旧外川家住宅 ← 10分 ← ❸北口本宮富士浅間神社 ← 40分 ← ❹富士山レーダードーム館 ← 1分 ← ❺道の駅富士吉田 ← 3分 ← ❻御師小佐野家住宅(復元) ← 1分 ← ❼ふじさんミュージアム

富士山と共に歴史を刻んできた富士吉田市は、自然と文化の大いなる遺産が今も息づいていて、訪れる人をドラマチックな世界へと誘う。このコースは＃06の「河口湖大池公園～山中湖花の都公園」を歩くコースと重なる箇所が多いものの、国道を中心とした短い距離の中で〝信仰の道〟ともいえるエリアや、富士山に関するスポットを巡ることができる。

富士急行線・富士山駅の東には、国道１３９号（国道１３７号と一部重複）が南北に伸び、それをまたいで金鳥居が建つ。

❶ 金鳥居と「吉田の火祭り」。火祭りは北口本宮冨士浅間神社と境内社諏訪神社の秋祭りの行事で、火防、安産、産業の守護神として祀る祭神・木花開耶姫命が猛火の中で安産した故事に由来

❷ 1768年建築の御師旧外川家住宅。現存する御師住宅で最も古く、富士登拝前の道者が禊(みそぎ)に使った水路や御師の家で刷られた御神府など富士山信仰を今に伝える資料も見学できる(有料)

❸ 北口本宮冨士浅間神社。富士山の噴火を鎮めるために建立されたのが始まりとされ、吉田口登山道はここが起点

1 金鳥居

3 構成資産 北口本宮冨士浅間神社

2 構成資産 御師旧外川家住宅

富士山レーダードーム館。台風監視の砦として1964年から35年間、富士山頂で気象観測の役割を果たしたレーダーを移設した

富士山にまつわる文化や風習、伝統を感じる

この界隈は例年、８月26、27日に開かれ国の無形民俗文化財でもある日本三奇祭の一つ「吉田の火祭り」でも知られる。本コースではここが出発点だ。この通りは別名「富士みち」と呼ばれ、通りに沿って、富士講信者を支えた御師住宅の昔の面影を残す石碑や門柱が建っている。御師の住居や暮らしぶりを見学するなら御師旧外川家住宅が有料で一般公開されている。

上宿交差点を左折すると、そこは国道１３８号となり、山中湖方面に向かう道となる。この道はかつて鎌倉往還と呼ばれた。東海道から甲斐に至る官道であり、甲斐の武士たちも鎌倉に至る重要な街道としてこの道を通って出仕していたことも知っておきたい。

２００ｍほど進むと右側に大きな鳥居が見えてくる。いにしえより富士登山の玄関口とされた北口本宮冨士浅間神社だ。

国道１３８号をしばらく進み、富士見バイパス交差点を過ぎると間もなくリフレふじよしだが見えてくる。この敷地内にある富士山レーダードーム館は35年もの間、富士山頂で気象観測の役割を果たしたレーダーを展示している。シアターでは完成までの物語が上映され、山頂の寒さや風を体験できるコーナーなどもおもしろい。興味がある人は実際に体感してみよう。

ドッグランがある芝生広場は、週末になると愛犬を連れた家族連れや観光客でにぎわっているので、動物が好きな人におすすめだ。

隣接する道の駅富士吉田は、「関東道の駅アワード２０１４」で30選に選ばれたことが記憶に新しい。地元の農産物や地酒、ミネラルウオーターなどが買える。富士山の湧水が汲める水飲み場は、水筒への水分補充のためにもぜひ立ち寄りたい。ほかにも富士山アリーナ、アウトドア

山中湖村

#21

GURURI FUJISAN TRAIL

歩行時間	3時間40分
歩行距離	14.5km
標高差	最高地点：1020m 最低地点：982m

山中湖をぐるり一周コース

富士山に最も近い湖 水鏡に映える逆さ富士

取材・文／塩澤良雄

長池親水公園 1·7

1 長池親水公園
↓ 40分
2 石割の湯
↓ 30分
3 山中湖交流プラザきらら
↓ 50分
4 旭日丘湖畔緑地公園
↓ 15分
5 山中湖文学の森公園
↓ 55分
6 山中諏訪神社
↓ 30分
7 長池親水公園

富士五湖の中で最も大きな山中湖は、湖面に映る逆さ富士や太陽が富士山頂と重なるダイヤモンド富士の名所として観光客やカメラマンを惹きつけてやまない。周辺には静岡との県境をなす三国山をはじめ、明神山、石割山、大平山などもあり、ハイカーにも人気だ。このコースでは、移りゆく湖畔の風景を楽しみながら、湖を一周踏

◀山中湖の周囲は全長約13.85㎞。その形から三日月湖、臥牛湖とも呼ばれる

石割の湯

2

❷石割の湯。高アルカリ性でマイルドな肌触りの湯は美肌効果が期待できるという

❸山中湖交流プラザきららの野外音楽イベント。冬にはキャンドルで湖面を照らすイベント（写真はP118）も開催

構成資産

湖面が結氷すればワカサギの穴釣りも楽しめる山中湖。野鳥が湖面で戯れる様子が旅の疲れを癒やしてくれる

山中湖から見るダイヤモンド富士

ダイヤモンド富士の名所
立ち寄り所も多彩

破する達成感を味わいたい。

　湖北に位置する長池地区は、住宅が多いものの、静かで落ち着いた雰囲気。長池親水公園は駐車場も広く、サイクリストやドライバーの休憩場所となっている。ここは逆さ富士のビューポイントでもある。長く尾を引く雄大な富士山と湖の水鏡に映る富士山はドラマチックで、特に紅葉シーズンにはカメラマンが多い。

　湖畔を時計回りに進んでみよう。平野交差点で県道729号と国道413号が合流。ここから国道413号は別名「道志みち」と呼ばれ、道志村へと通じる。

　交差点を左折し、しばらく進むと石割山入り口の案内板がある。石割山は山中湖村を代表する名山であり、中腹には石の字のように割れている大岩を御神体とする石割神社がある。国道を左折すると石割の湯がみえてくる。高アルカリ性の泉質が特徴で、大浴場のほか露天岩風呂やひのき風呂などが楽しめるので、トレイルの帰りに寄るのもおすすめだ。

　平野交差点まで戻り、湖畔道路に沿って再び進むと、山中湖交流プラザきららが見えてくる。ここは山中湖の自然を肌で感じられる多目的公園で、水辺の眺めが抜群。夏は有名アーティストが数多く参加する野外ライブが行われるほか、体験学習やレクリエーションなど交流の場として親しまれている。

　3㎞ほど先の旭日丘湖畔緑地公園からも湖の眺めが素晴らしく、「山中湖夕焼けの渚」として日本の渚百選に選ばれている。

3 山中湖交流プラザきらら

#21 山中湖をぐるり一周コース

▲山中湖交流プラザきららで開かれる「山中湖アイスキャンドル」

周辺は観光の中心地で、湖畔一周バスや水陸両用バス「山中湖のKABA」もここを起点としている。また、旭日丘と山中の両地区は、古くから甲斐と駿河を結ぶ交易拠点だった。国道138号に並行して走る旧道沿いには、歴史を感じさせる史跡が数多く残っている。

山中湖文学の森公園も散策してみよう。ここには山中湖村とゆかりのある三島由紀夫の文学館、徳富蘇峰館、近代俳句の巨匠・富安風生にちなんだ作品などを収めた風生庵、農機具や民具を展示した蒼生庵などがある。

明神前交差点から100mほどで「山中諏訪神社」の入り口に到着する。ゆっくりお参りした後は、再び湖畔道路に戻り、サイクリングロードから長池親水公園を目指そう。

4 旭日丘湖畔緑地公園

5 山中湖文学の森公園

6 山中諏訪神社

❹山中湖南岸にある旭日丘緑地公園。遊歩道沿いには数百本のモミジやケヤキ、フジザクラなどがあり、紅葉の名所。10月下旬から11月上旬には紅葉イベントが開かれ、美しくライトアップされる

❺湖畔の緑深いロケーションに佇む山中湖文学の森公園。「三島由紀夫文学館」「徳富蘇峰館」「俳句の館風生庵」などがあり貴重な文献や資料は見応えがある

❻山中諏訪神社は縁結び・子授け・安産・子育てに御利益があるといわれる

寄り道SPOT

水陸両用バスで快適クルーズ

山中湖のKABA

☎0555･73･8181
山梨県山中湖村平野506-296
（富士急旭日丘バスターミナル「森の駅」）
9:30～16:15（季節により変動あり）
無休（天候により運休の場合あり）

山中湖のドライブと湖上クルーズの2つが楽しめる水陸両用バス。車中では、アテンダントと一緒に、クイズ形式で謎を解いていくミステリー仕立てのツアーが楽しめる。

パフェやジェラートが好評

ジョイパティオ

☎0555･65･7754
山梨県山中湖村平野112
夏期10:00～22:00（季節により変動あり）
水・木定休（夏期無休）

平野交差点近くにあるイタリアンレストラン。パフェやジェラートを求めて来店する人も多く、夏場は周辺の民宿で合宿している学生たちでにぎわう。トレイル中に小休憩するには最適なスポットだ。

ACCESS & DATA

交通アクセス

●長池親水公園
バスの場合／富士山駅から周遊バスで44分
マイカーの場合／中央道河口湖ICから20分

湯どころ

●山中湖温泉　石割の湯
山梨県山中湖村平野1450
☎0555-20-3355

問い合わせ

●山中湖観光協会
☎0555-62-3100

アドバイス

湖畔の道はよく整備されていて比較的平坦なため、軽装でもOK。散策しながら湖や周囲の景観を楽しもう。ただし標高が高いので、冬はもちろん晩秋や初春のトレイルには温かい服装を心掛けよう。湖畔は基本的にサイクリングロードを歩こう。

花・樹木

- 山中湖交流プラザきらら周辺(平野地区界隈)／コブシ4月上旬、フジザクラ4月下旬、フデリンドウ4月下旬、ヤブウツギ5月下旬、サンショウバラ6月中旬
- 旭日丘湖畔緑地公園／紅葉10月下旬～11月上旬
- 山中湖文学の森公園／紅葉10月下旬～11月上旬

「夕焼けの渚展望台」から見た富士山。旭日丘湖畔緑地公園内にあり、「日本の渚百選」に選定されている

トレイル帰りの立ち寄り湯

「ぐるり富士山トレイル」で汗を流した後は、富士山を眺められる温泉で、歩き疲れた身体を癒やしたい。帰りがけにふらっと気軽に立ち寄れる温泉を紹介する。

静岡県・御殿場市

御胎内温泉健康センター

大自然の鼓動を感じ、湯けむりに包まれる

0550・88・4126

- 住 静岡県御殿場市印野1380-25
- 営 10:00～21:00（最終入館20:20）
  ※1月1～3日は18:00まで
- 料 大人500円、子供300円、土日・祝日は100円増し
- 休 火曜（祝日営業、翌日休み）※8月は無休
- 効 神経痛、関節痛、慢性消化器病、疲労回復、痔疾など

富士山の麓の溶岩地帯、深い木立の中に湧き出る御胎内温泉は、熔岩隧道「御胎内」内部が人間の胎内に似ていることからその名が付いたという。御殿場高原の四季の中、雄大な富士山を眺めながら入る露天風呂、噴火時の溶岩で造ったドーム状の「富士山熔岩風呂」など、ほかにはない魅力にあふれている。「御殿場リゾート富士の郷」内にあり、湯上がりには地元産のそば粉と、つなぎにヤマイモを使用した本格的な手打ちそばなども味わえる。

静岡県・小山町

須走温泉 天恵

露天風呂や水着着用ゾーンなど種類豊富

0550・75・2681

- 住 静岡県駿東郡小山町須走112-171
- 営 10:00～24:00（最終入館23:20）
- 料 大人900円、子供（6～12歳）500円、
  幼児（3～5歳）200円、土日・祝日料金あり
- 休 無休
- 効 美肌、神経痛、筋肉痛、関節痛、打ち身ほか

標高860m、目の前に大迫力の富士山を望む絶好のロケーションの中、多種多様な湯が楽しめる温泉施設。ファミリーやカップルに人気の「水着ゾーン」では大小の浴槽や露天風呂をはじめ、肌の角質を取ってくれるドクター魚魚、美肌効果に期待の高濃度炭酸泉、夏期はプールで遊ぶこともできる。「お風呂ゾーン」では、男女別の各種お風呂のほか、女性は露天ひのき風呂や寝湯もあり、存分にリラックスできる。

16種類の風呂完備
富士山の眺望も抜群

山梨県・鳴沢村

富士眺望の湯ゆらり

0555・85・3126

住 山梨県南都留郡鳴沢村8532-5
営 10:00〜22:00　料 大人1300円、小人650円、
土日・祝日 大人1500円、小人700円
休 無休(6月1日〜5日は設備点検のため休業)
効 きりきず、やけど、慢性消化器病、虚弱体質など

国道139号沿いの「道の駅なるさわ」裏手に位置する温泉施設。ダイナミックに富士山を望む「霊峰露天風呂」や「パノラマ風呂」、デトックス効果があるという「炭酸泉」のほか「洞窟風呂」「香り風呂」、サウナ、貸切風呂（別料金）など全部で16種類の風呂が楽しめる。しかもほとんどの風呂から富士山が拝める。

あかすりやタイ古式健康法などのボディリフレッシュも充実しているほか、個室の食事処「お狩場」ではミニSLが料理を運ぶ演出が人気。

富士山を一望、肌に優しいなめらか泉質

静岡県・富士宮市

休暇村富士 富士山恵みの湯

0544・54・5200

住 静岡県富士宮市佐折634
営 11:00〜14:00(最終入館13:30)
料 大人650円、子供(4歳〜小学生)300円、
「日帰り温泉ステキ旅」(入浴＋昼食)2980円〜(要予約)
休 火曜　効 神経痛、関節痛、五十肩、痔疾、冷え症など

季節によりダイヤモンド富士、赤富士などさまざまな富士山を楽しめる田貫湖畔に建つ「休暇村富士」。晴天時には雄大な富士山を窓の外に見ながら湯に浸かることができ、運が良ければ湯に映り込む「逆さ富士」も拝める。湯はアルカリ性単純泉で、なめらかで肌に優しいと女性に人気。また、富士山を眺めながらレストランで味わう会席ランチがセットになった「日帰り温泉ステキ旅」は、小旅行気分が満喫できると好評だ。

富士を仰ぐ、巨木をくり抜いた眺望露天

静岡県・裾野市

富士遊湯の郷 大野路

055・998・1616

住 静岡県裾野市須山2934-3　営 10:10〜20:00
料 大人800円、子供(2〜12歳)500円
※風呂以外の施設利用者は大人600円、
子供400円、1泊2日10000円〜
休 無休　効 神経痛、肩こり、リウマチ、あせも、疲労回復など

目の前に富士山が迫る裾野の大平原の中、各種レジャーや宿泊、食事が楽しめる「富士遊湯の郷」。特大の富士山を望む大露天風呂は日帰り入浴ができ、男性風呂は御神木として祀られていた樹齢400年のシイの木をくり抜いて造ったもの。女性風呂は映画「戦国自衛隊」で使用されたやぐらを利用している。露天風呂や打たせ湯、家族や友人と貸し切れる大樽ヒノキ風呂なども。食事処では溶岩焼BBQやホロホロ鳥やダチョウなど各種鳥料理が味わえる。

眼前に広がる絶景「紅富士」も必見

山梨県・山中湖村

紅富士の湯

✆0555・20・2700

㊟ 山梨県山中湖村山中865-776　㊖ 10:00～21:00
（12月～2月の土日、祝日は6:00から営業）
㊕ 大人700円、学生500円、小学生200円
レディースデイ500円（毎週金曜。祝日、GW、7月第4金曜～8月末日、年末年始は除く）
㊡ 火曜（祝日、GW、7月～9月、年末年始は営業）
㊜ 神経痛、筋肉痛、関節痛、五十肩など

豊かな自然に囲まれた施設から望む富士山の眺望は抜群に素晴らしい。内風呂、露天風呂の両方から圧倒されるような富士山が眺められる。とくに施設名でもある朝焼けに紅く染まる冬富士「紅富士」は、一見の価値がある。

12月から2月までの土日、祝日は午前6時から早朝営業をしており、湯船から間近に勇壮な紅富士を楽しむことができる。露天風呂は石の湯とヒノキの湯の2種類。室内大浴場のほか、岩盤浴（別料金）もある。

100坪超える純木造浴室は日本最大級

山梨県・富士吉田市

ふじやま温泉

✆0555・22・1126

㊟ 山梨県富士吉田市新西原4-1524
㊖ 10:00～23:00　朝風呂 7:00～9:00
㊕ 平日大人1250円、小人630円
土日・祝日は大人1550円、小人780円
朝風呂は大人620円、小人310円
㊡ 無休（施設点検の休業日あり）
㊜ 神経痛、筋肉痛、関節痛、五十肩など

富士急ハイランド入り口に位置する純和風の日帰り温泉。温浴棟は飛騨高山の重要文化財「日下部家住宅」をモチーフに町屋造りを再現している。ケヤキやヒノキ、マツを使用した100坪超の純木造浴室は日本最大級を誇る。

マグネシウム、カルシウム、ナトリウム-炭酸水素塩などがブレンドされた源泉で、天然保湿成分「メタケイ酸」を多く含むため、肌の新陳代謝を促進するという。また、館内には各種エステが楽しめるフロアもある。

高アルカリ性の泉質
マイルドな肌触りが特徴

山梨県・山中湖村

石割の湯

✆0555・20・3355

㊟ 山梨県山中湖村平野1450　㊖ 10:00～21:00
㊕ 大人700円、学生500円、小学生200円
レディースデイ500円（毎週水曜。祝日、GW、7月第4水曜～8月末日、年末年始は除く）
㊡ 木曜（7月～8月及び祝祭日、年末年始は営業）
㊜ 神経痛、筋肉痛、関節痛、美肌効果など

円形ホールと長屋を組み合わせたモダンな外観で、木をふんだんに使った造りが温もりを感じさせる。ホールの展望室からは間近に雄大な富士山が眺望できる。

無色透明の湯は弱い硫黄臭を放ち、PH9・6と全国的にみても高アルカリ性を有しているのが特徴。温熱効果や清水圧効果などが期待できるほか、マイルドな肌触りで美肌効果も得られるという。風呂は大浴場、寝湯、源泉ぬる湯、露天風呂（岩風呂とヒノキ風呂）、サウナの5種類がある。

information

静岡・山梨　主要機関連絡先

富士河口湖町観光課・観光連盟
山梨県富士河口湖町船津1700
✆0555・72・3168

富士河口湖観光総合案内所
山梨県富士河口湖町船津3641-1
✆0555・72・6700

河口湖観光協会
山梨県富士河口湖町船津1700
✆0555-72-2460

西湖観光協会
山梨県富士河口湖町西湖2202
✆0555・82・3131

精進湖観光協会
山梨県富士河口湖町精進364-1
✆0555・87・2651

本栖湖観光協会
山梨県富士河口湖町本栖18
✆0555・87・2518

富士五湖観光連盟
山梨県富士吉田市新西原5-2-1
✆0555・22・7102

■ビジターセンター

山梨県立富士ビジターセンター
山梨県富士河口湖町船津6663-1
✆0555・72・0259

■観光案内

静岡県

富士宮市観光協会
静岡県富士宮市中央町16-1
✆0544・27・5240

小山町観光案内所
静岡県駿東郡小山町小山599-5
✆0550・76・5000

御殿場市観光協会
静岡県御殿場市新橋1988
✆0550・83・4770

裾野市観光協会
静岡県裾野市深良451
✆055・992・5005

山梨県

ふじよしだ観光振興サービス
山梨県富士吉田市新屋1936-6
✆0555・21・1000

富士吉田市観光案内所
山梨県富士吉田市上吉田2-5-1
✆0555・22・7000

忍野村観光案内所
山梨県忍野村忍草239-3
✆0555・84・4221

山中湖観光協会
山梨県山中湖村平野506-296
✆0555・62・3100

鳴沢村観光協会
山梨県鳴沢村1575
✆0555・85・3900

■市町村役場

静岡県

富士宮市役所
静岡県富士宮市弓沢町150
✆0544・22・1111

小山町役場
静岡県駿東郡小山町藤曲57-2
✆0550・76・1111

御殿場市役所
静岡県御殿場市萩原483
✆0550・83・1212

裾野市役所
静岡県裾野市佐野1059
✆055・992・1111

山梨県

富士吉田市役所
山梨県富士吉田市下吉田6-1-1
✆0555・22・1111

忍野村役場
山梨県忍野村忍草1514
✆0555・84・3111

山中湖村役場
山梨県山中湖村山中237-1
✆0555・62・1111

鳴沢村役場
山梨県鳴沢村1575
✆0555・85・2311

富士河口湖町役場
山梨県富士河口湖町船津1700
✆0555・72・1111

静岡・山梨　主要機関連絡先

information

■主要医療機関

静岡県

富士宮市立病院
静岡県富士宮市錦町3-1
✆0544・27・3151

富士小山病院
静岡県駿東郡小山町用沢437-1
✆0550・78・1200

東部病院
静岡県御殿場市茱萸沢1180-2
✆0550・89・8000

裾野赤十字病院
静岡県裾野市佐野713
✆055・992・0008

山梨県

富士吉田市立病院
山梨県富士吉田市上吉田6530
✆0555・22・4111

山梨赤十字病院
山梨県富士河口湖町船津
6663-1
✆0555・72・2222

富士急伊豆タクシー御殿場営業所
静岡県御殿場市かまど1917-10
✆0550・89・1110

安全タクシー有限会社
静岡県裾野市佐野249
✆055・992・0431

三ツ輪交通自動車
静岡県裾野市御宿244-2
✆055・992・2152

山梨県

富士急旭日丘営業所
山梨県山中湖村平野506-296
✆0555・62・2135

富士急山梨バス
山梨県富士河口湖町小立4837
✆0555・72・6877

富士急コールセンター
山梨県富士吉田市新西原5-2-1
✆0555・73・8181

富士急行富士山駅
山梨県富士吉田市上吉田2-5-1
✆0555・22・7133

富士急行河口湖駅
山梨県富士河口湖町船津3641
✆0555・72・0017

■主要交通機関

静岡県

JR東海テレフォンセンター
✆050・3772・3910（6：00～24：00／年中無休）

富士急静岡バス
静岡県静岡県富士市厚原777-1
✆0545・71・2495

富士急行御殿場営業所
御殿場市新橋999
✆0550・82・1333

篠原タクシー有限会社
静岡県富士宮市宮町11-13
✆0544・26・4111

岳南タクシー富士宮営業所
静岡県富士宮市中央町15-17
✆0544・26・4114

須走タクシー本社営業所
静岡県富士宮市大宮町16-12
✆0544・24・5666

御殿場タクシー
御殿場市東田中861
✆0550・82・1234

持ち物 チェックリスト

- □ 歩きやすい靴（ルートによってはトレッキングシューズが必要）
- □ 雨具
- □ 防寒具
- □ 帽子
- □ タオル
- □ 飲料水・行動食など
- □ 地図・コンパス（ルートによっては登山用詳細地図）
- □ 携帯電話
- □ 時計
- □ ヘッドランプ
- □ ゴミ袋
- □ 医薬品や日焼け止め
- □ クマ除け鈴（山間部ルートの場合）